A. Carmen Heinsius · Mischlingshunde



Viel Freude mit
Ihrem Hund!

Jutta Rübesam

A. Carmen Heinsius

# Mischlingshunde

## Praktische Ratschläge für Haltung, Pflege und Erziehung

Mit 41 Abbildungen, davon 6 farbig

Verlag Paul Parey · Hamburg und Berlin

Die Kapitel »Ernährung« und »Gesundheit« wurden von Dr. med. vet. Peter Brehm verfaßt.

Weitere Bände in der Reihe »dein hund«

**Der Boxer • Der Dackel • Der Pudel • Pinscher und Schnauzer • Collie und Sheltie • Der Dalmatiner • Die Terrier • Der Basset • Der Spaniel • Setter und Pointer • Die Dogge • Schäferhunde • Bernhardiner • Neufundländer • Der Chow-Chow • Der Bobtail • Der Spitz • Schlittenhunde • Der Beagle • Der Dobermann • Ungarische Hirtenhunde • Der Rottweiler • Der Afghane • Berner Sennenhunde • Airedaleterrier • Der Leonberger • Große Münsterländer • Der Foxterrier • Der Pekingese • Bearded Collie • Greyhound und andere Windhundrassen • Der Hovawart • Der Yorkshire Terrier • Der Mops • Der Bullterrier • Der Cairn Terrier • Der Chihuahua • Der Kromfohrländer • Bouvier des Flandres • West Highland White Terrier • Der Riesenschnauzer • Golden und Labrador Retriever**

**CIP-Titelaufnahme der Deutschen Bibliothek**

**Heinsius, A. Carmen:**
Mischlingshunde: prakt. Ratschläge für Haltung, Pflege u. Erziehung/A. Carmen Heinsius. 11.–15. Tsd. – Hamburg; Berlin: Parey, 1988
(Dein Hund)
Früher im Verl. Müller, Köln
ISBN 3-490-35912-7

1.– 7. Tausend 1982
8.–10. Tausend 1986
11.–15. Tausend 1988


Anschriften: Spitalerstraße 12, D-2000 Hamburg 1; Lindenstraße 44–47, D-1000 Berlin 61
Umschlaggestaltung: Evelyn Fischer, Hamburg
Druck: Druck + Verlagshaus Wienand, Köln
Printed in Germany
ISBN 3-490-35912-7

# Vorwort

»Durch den Verstand des Hundes besteht die Welt ...« lautet ein uralter persischer Weisheitsspruch. Sein Sinn ist vieldeutig und bietet der Meditation ein weites Feld. Unbeschadet solcher metaphysischen Belastung tummeln sich große und kleine Hunde durch die Jahrtausende der Kulturentwicklungen als treue Begleiter im Auf und Ab der Menschheitsgeschichte.

Der Hund, das älteste »Haustier« der Weltgeschichte, ist im 20. Jahrhundert längst kein »Nur-Tier« mehr. Hunde aller Arten, Größen und Formen teilen den dichtbevölkerten und viel zu eng gewordenen Lebensraum mit dem Menschen, abartig ihres Ursprungs.

Sie leben meist friedlich mit uns in kleinen Häusern mit noch kleineren Gärten, in engen Wohnungen und selbst in modernen Wolkenkratzern. Der Hund, zum Räuber geboren und mit allem dazu Nötigen ausgestattet, lebt beim Menschen als sanftmütiges, zärtliches und empfindsames Wesen, das sogar auf den bewegungshungrigen Lauf verzichtet, um den Menschen »bei Fuß« zu begleiten und im Park, in Wald und Flur geduldig das Halsband und die Leine zu ertragen. Der Hund beschützt die Familie, seine Freunde oder die ihm vom Menschen anvertraute Herde, er arbeitet zuverlässig mit dem Menschen an der ihm gestellten Aufgabe und fügt sich klaglos als »Untertan«.

Der menschliche Alltag ist auch der des Hundes geworden. Haben wir das »Bewundern« für unseren vierbeinigen Kameraden ganz verloren?

Einen Hund zu haben, heißt eine Wahl zu treffen! Doch vielmehr muß man willens sein, gewisse Einschränkungen und Unannehmlichkeiten in Kauf zu nehmen, auch Kosten; sie wiegen nicht schwer, dagegen bekommen wir die Liebe und Treue des Hundes zurückgeschenkt.

Der Hund wird mit Recht als Freund und Helfer des Menschen bezeichnet. Denn seine Treue und die Wachsamkeit sind sprichwörtlich.

Hamburg, im März 1988 A. Carmen Heinsius

# Inhalt

# Herkunft und Abstammung des Hundes

Vor etwa 60 Millionen Jahren starben die »Saurier« aus, Riesenkriechtiere, der Säugetiergruppe angehörend. Nach ihnen entwickelten sich kleinere Säugetiere, die in der erdgeschichtlichen Zeit des Tertiärs wegen guter Anpassungsfähigkeiten größere Überlebenschancen hatten und alsbald die Erde beherrschten.

Vor etwa 10.000 Jahren, zwischen der Altsteinzeit und der Jungsteinzeit, tauchte in der nördlichen Erdhälfte der Hund in der menschlichen Gesellschaft auf. Dieser ferne, offensichtlich bereits domestizierte Vorfahr stammt vermutlich vom »Tomarctus« ab, einem niedriggewachsenen Raubtier, »Ahnherr« des Wolfes und Schakals.

Der Mensch hatte gelernt, aufrecht zu gehen, und er begriff seine Überlegenheit, wenn er im Kampf einen Stein in der Faust hielt, den Knüppel als Waffe entdeckte und aus Steinen und Knochen Pfeile und Speere fertigte, die ihn trotz seiner geringeren Körperkraft zum überlegenen Jäger werden ließen. An günstigen Lagerplätzen der Menschen entstanden Abfallhaufen aus Beuteresten; diese zogen als bequeme Nahrungsquelle Wölfe und Schakale an. Zahlreiche psychische Eigentümlichkeiten dieser vitalen Räuber weisen genug Anzeichen auf, Körperlichkeit und Wesen unserer Hunde zu erklären. Für die Menschen war es nicht schwer, Jungtiere an sich zu gewöhnen, selbst erwachsene Tiere schlossen sich an. Enger und enger wurde so die Verbindung. Ihrer Natur folgend, hetzten und rissen sie schwächeres Wild, das die Jäger ihnen leicht abnehmen konnten. Allmählich entwickelten sich die vierbeinigen Lagergenossen zu unentbehrlichen Jagdgehilfen. Es bildeten sich Rudel von halbzahmen Wölfen. Die so in Menschennähe geborenen Tiere entwickelten sich zu etwas Neuem: zu Hunden, für die der Mensch das überlegene Leittier wurde.

Der Mensch gewann den Hund zum Wächter, Helfer und Freund, entscheidend dabei ist die Freiwilligkeit des Tieres. Markante Wesenszüge lassen auf das wölfische Erbe schließen, das ihren wilden Vorfahren zu eigen ist. Das Bellen erlernten die Hunde erst im Umgang mit den Menschen. Es dient nur der Verständigung mit seinem Leittier: begeistert-freudig, bittend, klagend. Hunde, die durch gewisse Umstände wieder verwildern, verlieren die

Fähigkeit zum Bellen, denn die Vorfahren, die Wölfe, jagen stumm. Allerdings ist es für den erwachsenen Wolf in der Weite seines Jagdgebietes notwendig »stimmfreudig« zu sein, was er mit durchdringendem, abwandlungsfähigen Geheul kundtut; doch bei plötzlichem Erschrecken setzt ein kurzes Blaffen ein.

Einem aus diesem Wilderbe entstammenden Tier vertraut der Mensch seit Jahrtausenden Haus, Hof und Vieh, selbst seine Kinder an. Alle leben mit dem Hund in engster Gemeinschaft, und nicht einem kommt der Gedanke, daß in diesem Tier je wieder die Wildheit und Gefährlichkeit seiner Ahnen ausbrechen könnte.

So ist der Weg des Hundes vom Dunkel bis ins Licht des Lebens beschrieben als eigenständige Rasse mit allen vom Menschen entdeckten Fähigkeiten und Leistungen: Jagd-, Kampf- und Armeehund, Hirten- und Hütehund. Auch in der Mystik und Religion sowie im Aberglauben beschrieben, als heilig erhoben und als böse verbannt, in Kunst und Literatur dargestellt im Spiegel der Mode und Zeiten, die sich wandelten bis hin zur Gegenwart, wo der Hund, nun am Ziel, unter allen Haustieren die fast glücklichste Position gefunden hat. Er dient dem Menschen nach wie vor als »Nutz-Tier-Kamerad« im guten Sinne oder lebt als Begleit- und Familienhund in dessen Behausung.

# Rasserein – reinrassig – reinerbig

Von reinen Rassen kann man nur sprechen, wenn die Ahnen eines Hundes sich stammbuchmäßig nachweisen lassen, und das liegt für die meisten Hunde kaum mehr als 100 Jahre zurück. Der Begriff der reinen Rasse wurde anders ausgelegt, als dieses heute der Fall ist.

Von reiner Rasse war ein Windhund, der schneller als seine Artgenossen war, auch ein Hund, der seinen Gebrauchszweck voll erfüllte, oder ein Jagdhund, der die Spur hielt, sich durch nichts hat ablenken lassen und zudem vollkommen »schußfest« war.

Als König Ludwig der XI. (1423 bis 1483) seinen »weißen Jagdhund« mit der Hündin Baude paarte, wurden die Nachkommen »chien bouds« bezeichnet. Sie galten fortan als »reine Rasse« ihrer außergewöhnlichen Elternmerkmale wegen, wobei natürlich keine Äußerlichkeiten berück-

*Savannenhund oder Maikong (canis cancrivorus)*

*Mähnenwolf (canis jubatis)*

sichtigt wurden. Als Ludwigs Nachfolger, der XII., seinen weißen »Hubertushund« mit einer italienischen Bracke kreuzte (auch wieder im Interesse der Fähigkeiten), ging daraus ein weißer Hund mit gelbem Schulterfleck hervor. Weil dieser Hund ein besonders gut arbeitender Jagdhund war, wurde er zur Zucht eingesetzt. Seine Nachkommen waren die »Griffier« und galten als von reiner Rasse.
So weit fassen wir den Begriff Reinrassigkeit nun nicht mehr, aber wirklich reinrassig, das heißt reinerbig. Alle erstrebenswerten Eigenschaften sind auch in den reinsten Rassen nicht enthalten. Sobald zwei Individuen an der Zeugung eines Nachkommen beteiligt sind, kommt es zu einer mehr oder minder größeren Mischung verschiedenster Erbanlagen. Außerdem kann die Streuung recht beträchtlich sein, oft so groß, daß man von verschiedenen Arten sprechen könnte. Andererseits teilt man in Rassen auf, wo wirklich keine stichhaltigen Gründe vorliegen (gekürzter Auszug aus »Schweizer Hundesport«).

**Bastard = Mischlingshund**

In der Zoologie werden als Bastarde solche Tiere bezeichnet, die aus der Paarung verschiedener Arten entstehen, also eine Kreuzung zwischen zwei verschiedenen, jedoch miteinander »verwandten« Tierarten wie beispielsweise der Wolf und der Hund.
Bastarde tragen mehr oder minder die Eigenschaften beider Elternteile in sich, doch stets so, daß der eine oder der andere Charakter überwiegt. Die Nachkommen dieser Paarungen sind unbegrenzt fruchtbar, das heißt sowohl bei Inzucht (Paarung blutsverwandter Tiere) als auch bei Rückkreuzungen. Diese muß aber der Art der Eltern entsprechen. Im weiten Sinne bezeichnet der Begriff Bastard auch eine Kreuzung zwischen verschiedenen Rassen innerhalb derselben Art, die fachlich richtig »Hybriden« genannt werden sollte, doch in der Kynologie (Hundekunde) spricht man bei den Kreuzungen vom Bastard. Zum Unterschied dazu werden Nachkommen verschiedener Formen und Unterarten einer Art auch Blendlinge genannt.
Kreuzung: Bei Hunden meistens ein Zufallsprodukt oder das Resultat eines Unglücks. In einigen Fällen wird eine Kreuzung jedoch auch mit Absicht zustande gebracht, entweder auf Grund wissenschaftlicher Interessen, um zu untersuchen, welche Eigenschaften dominant oder rezessiv sind, oder um eine Verstärkung besonders guter Veranlagungen

herauszuholen. Dieses nennt man Veredelungskreuzungen. Man paarte zum Beispiel den Deutschen Schäferhund mit einem Wolf, woraus der Europäische Wolfshund entstand.
Verdrängungskreuzung: Wenn ein Bastard mit einem Tier der Elternrasse zurückgepaart wird, werden die Jungen dieser Generation nur noch halb so viele »mischerbige Gene« besitzen wie der Bastard selbst. Paart man diese wieder mit der Elternrasse, dann ist die hieraus entstandene Generation nur noch zu einem Viertel der Gen-Anzahl des Bastards »mischerbig«. Daß eine einmal »fremdgegangene« Hündin auch für die nachfolgenden Jahre verdorben ist, weil sie dann nur noch »Blendlinge« wirft, ist Legende.
Seit wann leben Hunde (ohne Rassemerkmale) mit dem Menschen?
Seit der Haustierwerdung des Hundes haben sich schon in frühgeschichtlicher Zeit verschiedene Formen herausgebildet, die sich als große, mittelgroße und kleine Hunde voneinander unterschieden. Da der Hund zumeist im Bereich der menschlichen Behausung lebte, waren Gestalt, Kraft und Reaktionsstärke des Hundes wichtiger als sein Aussehen. Der Hund mußte in der Lage sein, die ihm zugedachte Aufgabe als Nutzhund oder als Schoßhund zu erfüllen.
Älteste Funde in Mesopotamien, die Menschenskelett und Hundeskelett als Grabbeigabe zeigen, lassen sich auf 10.000 v. Chr. datieren.
Felsbilder aus dem algerischen Gebirge Tassili-n-Ajjèr vermitteln eine überaus deutliche Vorstellung vom vorzeitlichen Jagdhund, der den Bogenschützen begleitete und ihm Rinder und Giraffen ins Ziel brachte. Die erste Darstellung fällt in die Zeitabschnitte von etwa 4.500 bis 3.000 v. Chr., die zweite in die Zeit um etwa 1.000 v. Chr. Auf den Darstellungen ist ein Hundetyp zu erkennen, den wir heute Windhund nennen. Einige der 700 Felsbilder zeigen den Hund im Einsatz beim Krieg: ein kräftiges Tier mit breitem Kopf, kurzer Schnauze und buschigem Schwanz.
Über die Beziehung zwischen Mensch und Hund kann möglicherweise auch ein »türkisches Elfenbeinmesser« mit kunstvollem Schnitzwerk Auskunft geben, das aus dem vierten Jahrhundert v. Chr. stammt. Dargestellt sind zwei Hunde nordischen Typs mittlerer Größe, von robuster Gestalt, mit hochstehenden Ohren und geringeltem Schwanz. Einer der Hunde trägt ein Halsband, das könnte ein Beweis dafür sein, daß er ein bereits domestizierter Wachhund ist. In den Felszeichnungen der „Camuner" sind Jäger mit Hunden sowie Hirten mit Hütehunden zu sehen. Außerdem entdeckte man auch Darstellungen von Hunden, die sich zwischen den Hütten aufhalten.

Hier muß es sich offenbar um zahme Hunde handeln. Die vielfachen Darstellungen von unterschiedlichen Hunden lassen auf deren wichtige Funktion im Alltagsleben der damaligen Zeit schließen. Es wurden auch Hunde mit langgezogenen Köpfen, aufrechtstehenden Ohren und langen, nach oben gebogenen Schwänzen dargestellt. Man nimmt an, daß diese aus Asien stammen und sich mit Anbruch der Bronzezeit und dem Beginn der Viehzucht im Westen verbreiteten.
Während unsere Kenntnisse über Hunde der europäischen Frühzeit in der Hauptsache auf Knochenfunden basieren, gibt es für Mesopotamien (Vorderer Orient), dem Land ältester menschlicher Niederlassung und zugleich Wiege des Schrifttums, Hinweise, die bis auf das sechste bis vierte Jahrhundert v. Chr. zurückgehen.
In stadtähnlichen Siedlungen von Anatolien haben Ausgrabungen Jagdszenen auf Einfriedungsmauern hervorgebracht. Diese Darstellungen deuten auf den mächtigen Mastiff, einen Hundetyp von großem Wuchs, mit trapezförmiger Schnauze und spitz aufrecht zulaufenden Ohren. Diese Hunde wurden in großer Menge gehalten und von den Babyloniern, Assyrern und Hethitern hoch geschätzt. Sie stammen aus Tibet, dem Ursprungsland großer Gebirgshunde, wo auch der uns bekannte Bernhardiner herkommen soll. Bereits 2.000 v. Chr. wurden Hinweise auf diese Hunde in Keilschrift-Dokumenten gefunden, wobei das Schriftzeichen für »Hund« das gleiche ist wie für »Sklave«.
Berichte überliefern, daß diese Zeit nicht gerade »hundefreundlich» war. Schlimmes, wenn nicht gar Grausames wurde den Hunden zugefügt, besonders den kleineren Rassen, die man **Paria-Hunde** nannte. Man trifft diese nicht nur in Indien, Nordafrika und Kleinasien an, sondern auf dem ganzen Erdball. Kynologen sprechen von dem *niemandem gehörenden Straßenhund des Orients.*
Ein Beweis dafür, daß Hunde gerade ihrer Verbindung zwischen Nützlichkeit und Wildheit wegen geschätzt wurden, ist der Tatsache zu entnehmen, daß Baal, der grausame Gott der Phönizier, oft mit einem Hundekopf gezeigt wurde. Zu Beginn der jahrtausendealten Geschichte verliehen auch die Ägypter verschiedenen »höheren Wesen« hundeähnliches Aussehen. In Theben, dem Tal der Königinnen, sind zwei Hunde auf dem Fresko einer Grabstätte abgebildet, die die Totenriten bewachen; desgleichen ist der Kultgegenstand auf einem Altar nichts anderes als ein schöner dunkler, fast blauschwarzer Hund mit großem, schmalem Kopf und langen, spitz aufrechtstehenden Ohren sowie einem buschigen Schwanz.

*Acra, eine Mischung aus Irish Wolfshund und Chinesischer Wölfin*

Dem Gott Anubis weihten die Griechen die Stadt Cynopolis. Manche Historiker sind allerdings der Ansicht, daß Anubis eher ein Wolf oder Schakal sei, wobei wiederum Gelehrte behaupten, das Wort »inpu«, gleichbedeutend mit Anubis, habe ursprünglich einen jungen Windhund bezeichnet. Seine Vergöttlichung geht auf die Zeit der Zentralisierung am Ende des Alten Reiches zurück, als Ägypten in zahlreiche Gaue (nomoi) zerfiel, deren lokale Gottheit politischer und religiöser Führer zugleich war. In der religiösen Eigenschaft hatte er auch die langwierigen Totenzeremonien zu überwachen. Im 17. nomoi (Oberägypten) standen diese Privilegien Anubis zu, der sie dann auch auf das Innere Ägypten ausdehnte.
Andere Gott-Hunde wurden verehrt: in Abydos der »Khentimentin«, in Asjut dagegen ein Gott-Schakal, den »Upuaut«, der manches Mal jedoch für einen Hund gehalten wird. 4.200 v. Chr. (bereits vor Anubis) genoß ein anderer Hund göttliche Verehrung: »Seth«, vom Typ der Windhunde mit gegabeltem Schwanz.
Ein möglicherweise aus Äthiopien stammender früher Jagdhund Ägyptens war dunkelfellig, von ansehnlicher Größe, mit schmalem Kopf und hohen schlanken Läufen. Er ist abgebildet in einer Jagdszene auf einem Grab in Begleitung von zwei hellbeigen Hunden mit »hängenden Ohren« und kurzem Schwanz. Mit ihrer Fülle an Details ermöglicht es die pharaonische Kunst schon sehr früh, die Vielfältigkeit gewisser Hundetypen festzuhalten.
Auf einem Gedenkstein ist Pharao mit einem Gefolge verschiedener Hunde verewigt: einem Windhund, einem Hetzhund und einem dem heutigen australischen Dingo ähnlichen Hund, vielleicht auch Paria, und einem sehr kleinen Hund, dessen Körperbau dem eines heutigen Dachshundes ähnelt.
Zur Zeit des Mittleren Reiches, am Ende dieser Epoche, überfielen Nomaden aus Zentralasien kommend das Land, und es wurde erstmalig der mesopotamische Bluthund entdeckt. Ein Schrein des Tutanchamun im Ägyptischen Museum zu Kairo stellt diesen Hund als Kriegshund dar. Herrscher und Würdenträger ließen ihre Lieblingshunde nach dem Tode einbalsamieren.
Die Chinesen im Fernen Osten, Entdecker vieler Dinge, trafen auf den Hund allerdings nicht allzu früh. Im Gegenteil, das »Heilige Buch der Urkunden« sagt aus, daß sie Hunde importierten. 3.740 v. Chr. forderte Kaiser Fo-hi das Volk auf, »winzige Hunde« zu züchten, die sogenannten »Ärmel-Hunde«, die offizielle Mitglieder des kaiserlichen Hofes wurden.
In Griechenland wurden von Aristoteles eine Reihe von Hunderassen aufgezählt: Indischer Hund, Kyrenäischer Hund, Hund aus Ägypten, aus Lako-

nien, aus dem Epirus ... u. a. mehr. Man nimmt an, daß die Griechen vor dem klassischen Zeitalter den Wolfshund besaßen.
Auch die Römer hatten als leidenschaftliche Jäger Hunde als Helfer. Man züchtete Hunde mit »feinster Nase« und »lebhaftem Wesen«; es wurden auch unterschiedliche Typen gekreuzt. Die Römer hielten sich auch Wachhunde, die besonders wesensfest und stark sein mußten, schon vom Äußeren her ähnlich dem Molosser. Erstmals, bewußt annonciert, wurde der »Familienhund« bekannt, den sich allerdings nur die begüterten Bürger leisteten, die ärmeren Leute nahmen mit einer Gans als Wachtier vorlieb. Berühmt ist bis zum heutigen Tage, zumeist auf einer Kachel an der Pforte angebracht, das »Cave Canem«! (Warnung vor dem Hund! oder: Das Haus wird bewacht).
Die Römer setzten Hunde-Soldaten ein zur Verteidigung, zum Angreifen und als „Meldegänger". Letztere mußten wohl eines der traurigsten Schicksale von allen Nutzhunden erdulden: In einem kleinen Kupferröhrchen, das sie herunterschlucken mußten, befand sich die Meldung, die sie in geheimer Mission überbringen mußten. Nach getaner guter Tat wurden sie getötet, weil man der Meldung habhaft werden wollte. Die abgerichteten Angriffs-Hunde dienten den Römern auch zur Unterhaltung in der Arena: Mit klingelnden Stachelhalsbändern traten die starken Hunde zu Kämpfen an.
Man vermutet, daß die Kelten ein besonders gutes Verhältnis zu Hunden hatten. Erstmals spricht man in der leider wenig bekannten Mythologie der Kelten vom »Torfhund«. Eine bestimmte soziale Schicht leistete sich bereits den »Hundesport«, bei dem Geschicklichkeit und Schnelligkeit preisgekrönt wurden.
Nach der Zerstörung von Siedlungen und Städten wurden im Mittelalter ganze Rotten von verlassenen und hungrigen Hunden gesehen, die ehemals als wertvolle Jagd-, Wach- und Kampfhunde gedient hatten. Um zu Nahrung zu kommen, erwachten alsbald die uralten Instinkte, sie scharrten Kadaver hervor und fraßen Aas.
Doch das änderte sich. Ungefähr im 10. Jahrhundert wurden von Mönchen die Schwarzen Hubertus-Hunde gezüchtet. Diese verfügten über Eigenschaften wie Mut und ausgezeichnete Witterung, Schnelligkeit und Jagdleidenschaft, so daß der König von Frankreich alljährlich für die Jagd Hunde kaufte. Unvorstellbar für uns heute die Kopfzahl der Meute: bis zu 1600 Hunde, keiner direkten Rasse zuzuordnen. Doch Karl d. Große (742–814) untersagte den Würdenträgern, die Messe mit den edlen Hunden in der Kir-

che zu begehen. So verlegten die schlauen Brüder die Messe direkt vor die Kirchentür und segneten alle Hunde. Es wurde ein besonderes Brot gebacken, »Hubjes«, zu Ehren des heiligen Hubertus und seiner Hunde im Glauben an Gott und auch daran, daß weder Mensch noch Tier von der »Tollwut« befallen werden könne. Hubertus steht auch symbolisch dafür, daß sich der Mensch an der Schöpfung nicht maßlos versündigen darf.

Allmählich begann man, die Hunde nach Größe und intensiver nach Arten einzuordnen: Hunde, um Hirsche zu verfolgen, wobei hier zwischen Kopf- und Meutehund unterschieden wurde, Biberhunde für die Jagd im Bau und Habichthunde für die Vogeljagd. Doch handelte es sich keineswegs um Hunde, die dem Aussehen nach einer Rasse entsprachen, sondern die nach Verhaltensweise und Talent ausgewählt wurden. In Frankreich tauchte erstmalig im 18. Jahrhundert der Begriff »raches«, später Chien Courant, auf, der dem heutigen Bracken gleichzusetzen ist. In England entwickelte sich der Begriff Running Hounds für Hunde, die dem Wild durch schnelles Nachlaufen folgten. Auch Schweißhunde waren ohne Rasse, obwohl sie hohes Ansehen genossen und heute in die Gruppe der Bracken einzuordnen sind.

Die Molosser unterteilten sich in Dogge und Mastiff; während die Dogge zur Wildschwein- und Bärenjagd eingesetzt wurde, bewachte der Mastiff das Anwesen.

Bei der Falkenbeize sah man Hunde, die dem heutigen Spaniel glichen. Sie stöberten das Wild auf, damit der Falke es schlagen konnte.

Seit dem 14. Jahrhundert kennt man Schriften über die »Haltung von Hunden«, aber keine Rassehund-Bücher. Der Bau von Hundehütten wurden darin vorgeschlagen, auch für Sauberhaltung und Ernährung des Hundes wurden Vorschläge gemacht, und gegen Hauterkrankungen wurde das Bad im Meer oder Fluß empfohlen. Die Araber haben als erste regelrechte medizinische Heilbehandlungen und Operationen an Hunden vorgenommen.

Im 18. Jahrhundert sprach man von Karn-Hunden: Vor der Zeit der Mechanisierung wurden sie vor den »Karn« gespannt, um das Tretrad in Bewegung zu halten; der Karn ist ein Butterfaß. – In England gab es zu dieser Zeit kleine Hunde, die als Vorgespannte den Bratspieß in Bewegung halten mußten. Man nannte sie Turnspit: turn = drehen, spit = Spieß.

Ein trauriges Los traf jene kleinen Hunde, die zum Kanal-Hund verwendet wurden. Meist lebten sie nicht länger als drei Monate. Eine mit der Leine an ihrem Hals befestigte Bürste mußten sie zum Reinigen durch die Kanalröhre ziehen. Angeblich geschah diese Tierquälerei in Südafrika.


Zirkus-Hunde sind oft rasselos. Sie zeigen ihre Künste mit den Artisten.

*Schensihunde, sie leben in Afrika bei den Molo-Nomadenstämmen an der äthiopischen Grenze*

Schensi-Hunde sind die ersten Hunde des tropischen Hackfruchtanbaugebietes. Sie entwickelten sich zu Nomadenhunden. Sie werden unter dem Namen ihrer ostafrikanischen Vertreter als »canis familiaris schensi« zusammengefaßt. Hinsichtlich ihrer Größe schwanken sie zwischen Groß-, Mittel- und Klein-Hunden. Man züchtet sie durch Selektion groß oder klein; sobald dieses aufhört, dominiert bald wieder die mittlere Größe. Noch heute befinden sie sich im ersten Stadium der Domestikation und werden weder versorgt noch gefüttert – im Gegenteil, in Notzeiten von den Menschen verzehrt. Man nimmt an, daß die mit Schens bezeichneten Hunde sich durch Züchtung zur jetzt in Deutschland anerkannten Rasse mit dem modernen Ausdruck »Basinji« entwickelt haben.

Kelp-tal-Fenech ist ein typisch eingesetzter Hund auf der Insel Malta, ein sogenannter »Inselhund«, der auf den Dächern der Malteser Häuser mit lautem Gekläff wacht. Der Name bedeutet nicht »Kaninchenhund«, sondern »Hund der Phönizier«. Der Hund ist etwa 60 cm hoch, hat kurzes weiches, rötliches Haar, eine weiße Schwanzspitze und meist auch einen weißen Brustfleck. Die Augen sind gelb bis mittelbraun, die Nase rosa oder fleischfarben.

# Vom Werden des Hundes und seiner Entwicklung

Haushunde werden viel früher geschlechtsreif als ihre Vorfahren Wolf oder Wildhund. Im Alter von etwa neun Monaten hebt der Rüde beim Urinieren das Bein, und das heißt: Ich bin erwachsen. Im Beinheben liegt das äußere Zeichen seiner Reife, und der Rüde kann und will fortan immer ...

**Läufigkeit**

Die Hündin kommt mit sieben bis zehn Monaten das erste Mal in die »Läufigkeit« – auch Hitze oder Brunst genannt –, gewöhnlich zweimal im Jahr, zumeist im Frühjahr oder Herbst; Ausnahmen sind eine Läufigkeit im Sommer und Winter, auch ist nur eine einmalige Läufigkeit im Jahr möglich, ohne daß es sich dabei um eine gesundheitliche Störung handelt. Kleinwüchsige Hunde sind meistens früher reif als große.
Die Hitzeperiode dauert 20 bis 23 Tage, doch ist die Hündin nicht während der ganzen Zeitspanne paarungsbereit. Das ist sie zwischen dem 9. bis 13. Tag nach Läufigkeitsbeginn. Bei verkürzter oder verlängerter Hitze ergibt sich eine entsprechende Verschiebung.
Das erste Anzeichen für den Beginn einer Hitze ist, daß die Hündin dazu übergeht, ihr Wasser »in kleinen Portionen abzusetzen« und nicht mehr auf einmal, wie sie es normalerweise tut. Mit diesem Getue will sie die männlichen Tiere darauf vorbereiten, daß es sich lohnt, ihr den Hof zu machen, die dann auch meist der »heißen Spur« folgen.
Mit den äußeren Hitzeanzeichen tritt bei der Hündin auch eine Wesensveränderung ein. Sie ist unruhig, leicht erregt und reizbar, auch zuweilen nicht mehr so folgsam, zeigt unterschiedlichen Appetit und benutzt jede Gelegenheit, um davonzulaufen, wobei hier das Wort »Läufigkeit« seine praktische Erklärung hat. Auch ist die Bindung an die menschliche Gruppe nicht mehr so stark.
In der zweiten Hälfte der Hitze wehrt die Hündin den Rüden nicht mehr ab, sondern duldet dessen Annäherung. In dieser Zeitspanne muß man

Hündin besonders achten, sie eventuell einsperren, wenn man etwa zwei Monate später nicht irgendwelchen Nachwuchs will.
Auch bei unerwünschter Paarung hat es keinen Sinn, die Tiere gewaltsam voneinander zu trennen, da im Zustand des Hängens eine Trennung nur zu schweren Verletzungen führen kann, eine Befruchtung aber kaum verhindert.
In der modernen Tiermedizin gibt es Möglichkeiten, die Folgen einer Kopulation mit Hormonspritzen zu unterbinden, und zwar kann der Tierarzt am vierten, fünften und sechsten Tag danach und nochmals am achten und zehnten spritzen. Von einer Wiederholung der Behandlung ist abzuraten, besser ist es, auf die Hündin aufzupassen oder eine Operation zu veranlassen.
Ob man den Naturtrieb des Rüden oder der Hündin operativ unterbricht und in welchem Alter, muß mit einem erfahrenen Tierarzt besprochen werden.
Die Jungen – den Nachwuchs – einer unerwünschten Schwangerschaft zu töten, ist nach dem neuen Tierschutzgesetz verboten bzw. nur in besonderen Fällen erlaubt.
Selbst in der modernen Hundezucht hält sich noch manche Unwissenheit oder auch Aberglaube, beispielsweise der, daß die Hündin einmal werfen müßte, weil sie sonst krank wird oder man mit einer verkürzten Lebenszeit rechnen müßte. Die in Tierkliniken und bei Tierärzten geführten Statistiken widerlegen dieses. Hartnäckig hält sich auch die weit verbreitete Meinung, daß Welpenrüden leichter zu verkaufen sind. Deshalb sollte man, um mehr Rüdenwelpen zu erhalten, eine recht junge Hündin mit einem graubärtigen, alten Rüden paaren. Dies glaubt man auch durch besondere Futterbeimischungen zu erreichen. Mehr Rüdenwelpen gibt es sicher auch nicht, wenn die Paarung am Ende der Läufigkeit von der Hündin erfolgt.
Elterntiere, die kupierte Ohren und Schwänze haben – beides verbietet übrigens neuerdings das Tierschutzgesetz –, vererben dieses Aussehen nicht auf ihre Nachkommen.

*Er hat keine Ahnentafel, aber mit Sicherheit einen »Stammbaum«*

## Scheinträchtigkeit

Kann und wird bei einigen Hündinnen immer nach der Läufigkeit auftreten, auch wenn das Tier nicht gedeckt worden ist. Die Dauer, etwa 60 bis 63 Tage, stimmt zumeist mit einer echten Trächtigkeit überein.

Die Hündin zeigt alle Symptome einer Trächtigkeit, sie bildet sogar Milch.

## Die Geburt

Die Trächtigkeit einer Hündin dauert durchschittlich 58 bis 65 Tage. Wenn der Wurf gewollt ist, sind Geburtsvorbereitungen zu treffen und der Tierarzt über den möglichen Termin zu informieren. Anzeichen der Geburt ist das Absinken der normalen Körpertemperatur von 39 auf etwa 37 °C. 18 bis 24 Stunden vor dem Geburtstermin erreicht diese ihren niedrigsten Stand. Mit Einsetzen der Wehen steigt die Körpertemperatur wieder allmählich an bis zur normalen. Ein weiteres Anzeichen der Geburt ist das Einschießen der Milch in das Gesäuge, es füllt sich prall mit Milch. Eine psychische Veränderung im Verhalten der Hündin zeigt sich in Unruhe, sie kratzt mit den Vorderpfoten, um das Nest zu bereiten. In den letzten Stunden vor der Geburt verweigert die Hündin gewöhnlich die Nahrungsaufnahme.
Der Geburtsvorgang läuft in zwei Phasen ab; dem Eröffnungs- und dem Austreibungsstadium. Die Hündin setzt etwas Harn und Kot ab. Der Zustand des Gebärenwollens dauert bis zu acht Stunden.
Die in regelmäßiger Folge wellenförmig auftretenden Wehen pressen die Welpen durch den Geburtsweg nach außen. Die Geburtsphase ist für die Hündin schmerzhafter als das Eröffnungsstadium. Trotzdem werfen die Hündinnen ohne einen Laut des Schmerzes.
Die Welpen werden meistens im geschlossenen Amnion-Sack (der zweiten Fruchthülle) geboren. Durch die kurze Nabelschnur sind sie mit der grünlich gefärbten Nachgeburt — dem Mutterkuchen — verbunden, die gleichzeitig mit der Frucht ausgestoßen wird.
Die Austreibung der ersten Welpen benötigt allgemein etwas mehr Zeit als die der übrigen, es können mehrere Stunden werden. Dauert der Vorgang länger als acht Stunden, muß unbedingt ein Tierarzt benachrichtigt werden. Der Zeitabstand zwischen der Geburt der einzelnen Welpen sollte zwei Stunden nicht überschreiten. Der Verlauf einer normalen Geburt geschieht in etwa sechs bis acht Stunden. Bei Hündinnen, die schon mehrmals geworfen haben, erfolgt sie in erheblich kürzerer Zeit.
Die Hündin befreit die Jungen meist selbst aus den Fruchthüllen und nabelt

*Zaghafte Annäherung*

sie gleichzeitig ab. Das eifrige Belecken des Nachwuchses durch das Muttertier ist eine zärtliche Geste, regt aber gleichzeitig Atmung und Kreislauf der Neugeborenen an und entfernt den Schleim aus dem Fell. Die meisten Hündinnen fressen die Nachgeburt sofort auf. Man sollte die Hündin von dieser Instinkthaltung nicht abhalten, da sie auch der Sauberkeit des Lagers dient.

## Entwicklungsübersicht

| Zeitpunkt | Entwicklung |
|---|---|
| Ab Geburt | Riechvermögen vorhanden, wichtig für das Finden der Milchdrüsen und des Muttertieres. Tastgefühl vorhanden, wichtig für das Saugen und Zusammenkriechen im Nest. |
| 1. bis 5. Tag | Entwicklung der Wahrnehmung von Geschmackseigenschaften. |

| | |
|---|---|
| Ab 7. Tag | Wahrnehmung von Kälte und Wärme. |
| Ab 15. Tag | Entwicklung des Hörvermögens, Reaktion auf Geräusche. |
| Ab 21. Tag | Sehvermögen vorhanden. |

## Verhaltensweisen

| Verhalten nach der Geburt | Verhalten beim erwachsenen Hund |
|---|---|
| Suchbewegung im Kreis nach der Mutter. | Neugieriges Umkreisen von Gegenständen, Personen oder sonstigen interessanten Dingen. |
| Hin- und Herbewegen in Richtung Muttertier. | Begrüßung und Annäherung an andere Hunde. |
| Betasten der Milchdrüse mit der Pfote beim Saugen. | Pfötchengeben zum Zeichen der Begrüßung und der Verbundenheit oder als Spielaufforderung. |
| Stoßen mit der Schnauze und mit dem Kopf beim Saugen, Duldung des Beleckens des Anogenitalbereiches durch die Mutter. | Begrüßung des Besitzers beziehungsweise der Freunde und Aufforderung zum Spiel oder zum Spazierengehen. Beriechen des Leisten- und Analbereiches beim gegenseitigen Kennenlernen von Hunden. |

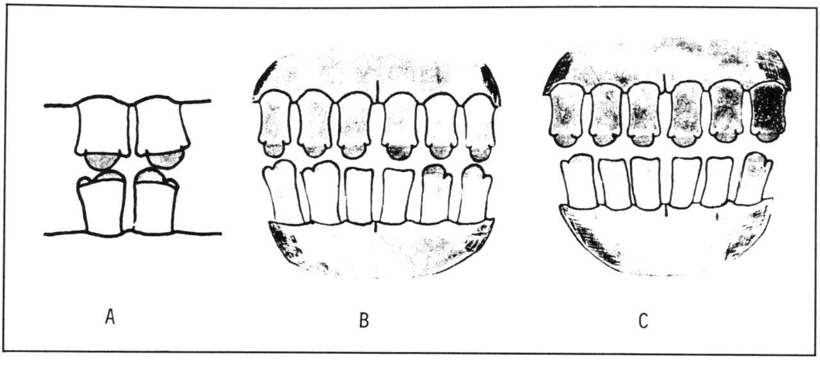


*A Zahnlappung an den Schneidezähnen, B Abnutzung der Schneidezähne mit eineinhalb Jahren, C mit zweieinhalb Jahren*

**Entwicklung nach Jahren.** Das erste Hundejahr entspricht 14 Menschenjahren. Das zweite Hundejahr gleicht sieben Menschenjahren. Für jedes weitere Hundejahr rechnet man fünf Menschenjahre; demnach wäre ein zwölfjähriger Hund mit einem 71jährigen Menschen zu vergleichen.

## Tabelle zur Altersbestimmung nach Zahnveränderungen

| Alter | Gebißbeschaffenheit |
|---|---|
| 3 bis 4 Wochen | Durchbruch der Milchschneidezähne |
| 4 bis 5 Monate | Beginn des Zahnwechsels |
| 6 Monate | Zahnwechsel beendet |
| $1^{1}/_{2}$ Jahre | Hauptlappen der Zangen am Unterkiefer abgenutzt |
| $2^{1}/_{2}$ Jahre | Hauptlappen der Mittelzähne am Unterkiefer abgenutzt |
| $3^{1}/_{2}$ Jahre | Hauptlappen der Zangen am Oberkiefer abgenutzt |
| $4^{1}/_{2}$ Jahre | Hauptlappen der Mittelzähne am Oberkiefer abgenutzt |
| 5 Jahre | Hakenzähne zeigen Spuren der Abnutzung |
| $5^{1}/_{2}$ Jahre | Hauptlappen der Eckzähne am Unterkiefer abgenutzt |
| 6 Jahre | Hauptlappen der Eckzähne am Oberkiefer abgenutzt |
| 7 Jahre | Reibflächen der Zangen am Unterkiefer quer-oval |
| 8 Jahre | Reibflächen der Mittelzähne am Unterkiefer quer-oval |
| 9 Jahre | Reibflächen der Zangen am Oberkiefer quer-oval |
| 10 bis 12 Jahre | Ausfall der Zangen |
| 12 bis 16 Jahre | Ausfall der übrigen Schneidezähne |
| 16 bis 20 Jahre | Ausfall der Hakenzähne |

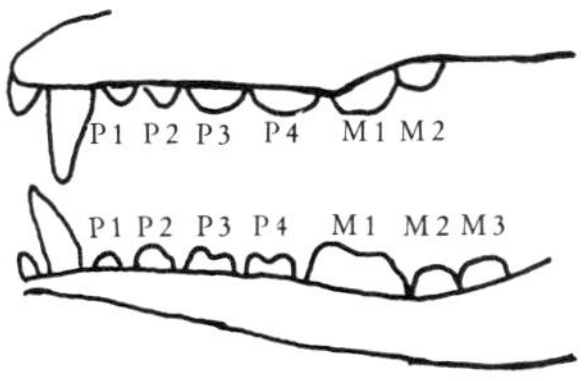


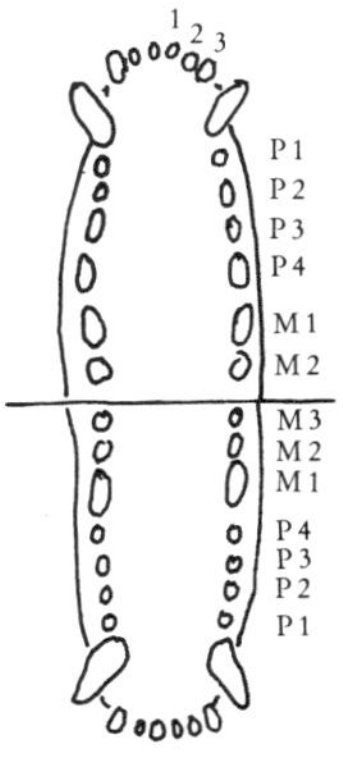


*Zahnanordung:*
*Oben: zweimal 3 Schneidezähne, 1 Fangzahn, 4 Prämolaren, 2 Molaren. Unten: zweimal 3 Schneidezähne, 1 Fangzahn, 4 Prämolaren, 3 Molaren ($M_1$ unten: der sog. Reißzahn).*
*Insgesamt: 42 Zähne*

# Die Welpen und ihre Aufzucht

»Neun Tage jagen, neun Tage tragen, neun Tage blind, das ist ein Hundekind«. Mit dem Beginn des Lebens beginnt auch das Atmen, das beim gesunden Hund tief und ruhig geschieht.

Atemzüge pro Minute: 10 bis 25 normal variiert, 20 bis 22 bei sehr jungen Hunden, 16 bis 18 bei ausgewachsenen Hunden, 14 bis 16 bei alten Hunden.

Die Welpen werden blind, also mit geschlossener Lidspalte geboren. Nach 10 bis 14 Tagen öffnen sich diese von selbst. Der Mensch soll auf keinen Fall in diesen Vorgang des Wachstums eingreifen, lediglich dann, wenn er sich zu lange hinzieht. Warme Kamillentee-Umschläge helfen.

Die Zeit nach der Geburt ist das Wochenbett (puerperium), und die Einnahme der ersten Muttermilch ist wegen ihres hohen Nährwertes und den darin enthaltenen Abwehrstoffen für die Welpen besonders wertvoll. Ihre abführende Wirkung veranlaßt die Lösung des ersten Welpenkotes.

Die Geste des »Milchtretens«, die der Welpe am Gesäuge des Muttertieres durch rhythmisches Treten mit den Vorderpfoten ausübt, um den Milchfluß stärker zu beeinflussen, ist später mit dem »Pfötchengeben« zu vergleichen.

Ob neugeborene Welpen weiblich oder männlich sind, kann man nach der Geburt leicht unterscheiden:

Der Penis des Rüden liegt zwischen den Oberschenkeln in der Nähe des Bauches. Die Geschlechtsorgane des Rüden sind durch Hodensäcke geschützt. Die Harnröhre dient als gemeinsames Ausführungsorgan des Harn- und Genitalsystems, da beim Hund keine Samenblasendrüsen ausgebildet sind. After und Penis liegen im Verhältnis zum weiblichen Tier weiter auseinander.

Die Vulvaöffnung (Scham) der Hündin hat die Form eines umgekehrten Dreiecks und liegt unterhalb des Afters, also in unmittelbarer Nähe.

Die Vulva ist vom Vaginalkanal durch ein »Jungfernhäutchen« getrennt.

Die Hündin hat etwa zehn Milchdrüsenkomplexe, die in zwei parallelen Reihen liegen und nur bei der Hündin gut entwickelt sind. Bei Eintritt in die Geschlechtsreife bilden sie sich voll aus.

Welpen bezeichnet man die Neugeborenen bis zur 17. Woche. Rüden wiegen im allgemeinen mehr als die kleineren Hündinnen. Das Geburtsgewicht verdoppelt sich in der ersten Woche und verdreifacht sich sogar in der zweiten. Daran kann man erkennen, was die Mutter leisten muß, um die hungrigen Kinder mit genug Milch satt zu bekommen.
Mit der zweiten Lebenswoche beginnen die Kleinen ihre Umwelt zu erkunden, wobei sie auch schon außerhalb des Wurfgeheges ihre Notdurft verrichten. Ab etwa der dritten Woche entwickeln sich die Sinnesorgane des kleinen Hundes, und er beginnt, alle Gegenstände seiner Umgebung mit der Nase zu untersuchen. Außerdem lernt er hören und sehen. Er erkennt die Mutter und seine Geschwister und zeigt dieses mit Wedelfreudigkeit und gegenseitigem Belecken. Erreicht er das Maul der Mutter, beginnt diese mit der Zufütterung. Wenn die Mutter das Lager verläßt, so möchten die Kleinen am liebsten folgen, doch instinktiv – ein Erbe ihrer Ahnen – bleiben sie noch im Rudel zusammen. Die Gebißentwicklung beginnt zwischen der vierten und siebenten Lebenswoche.

## Stubenreinheit

In der Prägungsphase ab der vierten bis siebenten Lebenswoche sind die Welpen sehr lern- und aufnahmefähig. Gerade der Kontakt mit dem Menschen ist in dieser Zeit sehr wichtig. Der kleine Hund muß die Möglichkeit zum Beschnuppern von Menschen haben, also Handkontakt. In der achten bis zwölften Woche entwickelt der Hund eine Beziehung zur Sozialisierung. Dem Hund sollte man im Spiel alles das beibringen, was man später von ihm verlangt. Je mehr man in dieser Zeit auf ihn eingeht und ihn lobt, um so mehr profitiert man später davon. In dieser Phase wird die Partnerschaft zwischen Zwei- und Vierbeinern geprägt.
Sind die Welpen etwa acht Wochen alt, muß man damit beginnen, sie zu beobachten, wann sie das berühmte »Geschäft« erledigen wollen. Es gibt eine Regel, die stets beachtet werden sollte: Bei erkannter Absicht sofort dorthin bringen, wo er sein Geschäft machen soll. Man nennt dies auch »Lösen«. Konsequenz und Geduld sind Voraussetzung für die Überwindung dieses Problems.
Drei kritische Situationen sind beachtenswert: wenn er aufwacht, soeben die Futterschüssel leergefressen hat und plötzlich mitten im Spiel anhält, die Nase suchend auf dem Boden hin und her rennt. Dann nichts wie nach

draußen. Hat er sich gelöst, wird er gelobt mit »brav, brav«. Dieses Loben nach dem Lösen gefällt ihm sehr, und er wird, sobald er ein Bedürfnis verspürt, an die Tür gehen, um hinausgebracht zu werden.
Natürlich klappt das anfangs nicht immer. Wir sind nicht immer im Raum, und er vergißt sich beim Spielen. Ist das Malheur passiert, dann keinesfalls den Welpen mit der Nase in den Kot oder Urin drücken, weil man meint, ihn dadurch besser zur Reinheit zu erziehen. Das Gegenteil ist der Fall. Sind wir dabei, dann sagen wir ein mißbilligendes »Pfui« und bringen ihn sofort nach draußen. Entdecken wir den See später, nutzt das strafende »Pfui« nichts mehr. Er kann sich nur Dinge merken, die sofort nach der Tat passieren.
Wenn ein Welpe oder Junghund sich bereits mehrere Male auf der gleichen Stelle des Teppichs verewigt hat, dann muß sie dort gründlich gereinigt werden, am besten nimmt man Essigwasser, um dem Teppich wieder einen neutralen Geruch zu geben. Der Hund hat hier bereits eine Duftmarkierung vorgenommen, die schnell beseitigt werden muß, weil er den Platz sonst bereits für sein Revier hält. Hier ist Handeln besser als Bestrafung. Um dem Welpen oder Junghund das Durchhalten in der Nacht zu erleichtern, geht man noch einmal etwa um 22 Uhr mit ihm nach draußen. Morgens geht man so früh wie möglich wieder mit ihm raus. Auch hilft, wenn auf dem Platz, wo er sich lösen oder nässen soll, Zeitungspapier oder ein Lappen ausgelegt worden ist. Notfalls kann man Papier oder Lappen auch im Badezimmer auslegen.
Bei Beachtung der genannten Vorkehrungen wird der Welpe schnell stubenrein sein.

# Ein Hund soll ins Haus

Da die Umwelt in das Leben des Menschen stetig bestimmender eingreift, wächst um so mehr das Bedürfnis nach den persönlichen Dingen und damit die Sehnsucht, zu natürlichen Gegebenheiten zurückzukehren. Aus diesen Gründen ist der Wunsch, einen Hund um sich zu haben, immer stärker geworden.

Ist die Wahl getroffen, stellt man nach kurzer Zeit fest, daß es sich bei dem neuen Hausgenossen um ein lebhaftes Wesen handelt, und man schon ganz fest zu dieser Entscheidung stehen muß, ohne diese Wahl zu bereuen. Der neue Mitbewohner verlangt Aufmerksamkeit, und er braucht Zuwendung, und zwar regelmäßig.

*Mischlingsformen sind gar mannigfaltig*

Es ist ein Lebewesen, das uns neben vieler Freude auch Sorgen bereiten kann und unseren bisherigen Lebensgewohnheiten Opfer abfordert. Nur wenn wir uns der vollen Verantwortung bewußt sind, ist das Leben zwischen Mensch und Hund ein glückliches, und der Hund fällt uns nie zur Last.

Bei der Anschaffung eines Mischlingshundes ist oft der Zufall im Bunde oder einfach die »Liebe auf den ersten Blick«.

Einer Statistik zufolge sollen derzeit etwa 800 000 Mischlinge in der Bundesrepublik Deutschland leben. Und man weiß auch, daß diese Hunde sehr anhänglich sind und Menschen oder Tiere seltener beißen; außerdem sagt man, daß sie widerstandsfähiger sind. Zweifellos gibt es Mischlinge mit erstaunlichen Verhaltensweisen. Während der Rassehund zumeist behütet wird, aus Angst, es könnte ihm etwas geschehen, treibt sich mancher Mischling, der zu niemandem gehört, überall herum, sammelt gute wie schlechte Erfahrungen, die auf seine Entwicklung Einfluß nehmen. Oft genug ist er darauf angewiesen, sich sein Futter »zu organisieren«.

Daß nun der Mischling robuster und klüger ist, könnte man einfach damit erklären, daß er aus einer Paarung kommt, die nicht der Mensch, sondern das Individuum selbst bestimmte.

Die Paarung von Rassehunden wird bekanntlich von den Züchtern und Hundehaltern geleitet. Sie wird gemäß dem festgelegten Standard der Rassehundzuchtvereine oft mit dem Ziel, einen Siegerhund zu züchten, ausgeführt. Nachweislich müssen dazu in jener Rasse sieben Generationen lückenlos bewiesen werden, was eine kynologische Weltorganisation, die 1911 gegründete und auch in Deutschland vertretene FCI »Federation Cynologique International«, kontrolliert. Der FCI gehören zur Zeit 40 Länder an, und von den rund 400 bekannten Rassen werden von ihr 300 anerkannt. In Deutschland werden davon etwa 200 gehalten und gezüchtet.

## Mit dem Hund »ohne« Aberglaube leben?

Mit dem Begriff »Aberglaube« verbindet man das finstere Mittelalter, wo es von bösen Hexen und Wölfen nur so wimmelte, die in manchen Märchen erhalten blieben. Doch tagtäglich kann man erleben, wie gegenwärtig der Aberglaube noch ist.

Gerade Bastarde nehmen da einen großen Raum ein. So denkt man beispielsweise: »meinem Hund kann nichts passieren, er ist ein Bastard und

*Auch Mischlinge sind oft sehr ansehnlich*

deshalb »nicht« anfällig« ... oder: »meinem Hund kann nichts passieren, denn ich füttere ihn reichlich und gut!«
Beide Aussprüche fallen unter den »modernen« Aberglauben, denn bei ersterem dürften bestimmte Hunde, nämlich die Bastarde, nie von einer »Infektionskrankheit« befallen werden, und die anderen setzen auf »gutes Futter«, das aber vielfach nur zum Ansetzen von Speck und Fett verhilft.
Ferner: Ins Trinkwasser solle man einen Kupferpfennig werfen, dem Hund solle man täglich eine rohe, unzerkleinerte Knoblauchzehe ins Maul schieben, das Futter mit Hornspänen und Schwefel anreichern.
In New York fand ein Prozeß gegen einen mutmaßlichen Massenmörder statt, er nannte sich nach dem biblischen Namen »son of Sam«. Noch während der Untersuchungshaft wurde der Mann auf seinen Geisteszustand hin überprüft, denn die Gründe des Mordens erschienen reichlich verwirrt geschildert: Samuel, der Teufel, habe ihm in Gestalt eines großen schwarzen Hundes die Mordbefehle erteilt.
Sicherlich nicht ausschließlich ein Fall für die Psychiatrie, eher für die Kirche, denn aus zahlreichen mittelalterlichen Gerichtsakten und Überlieferungen wird immer wieder ein großer schwarzer Hund genannt, in den sich

der Teufel verwandelt hatte, hiervon soll auch die Redensart »auf den Hund gekommen« herrühren, die dasselbe meint: Scher dich zum Teufel! Auch Mephisto zeigt sich bekanntlich in Goethes Faust in Gestalt eines schwarzen Hundes. Doch der Hund ist schuldlos an diesen Redensarten, man könnte eher sagen, daß »der Hund auf den Menschen gekommen ist«.
In der englischen Literatur, in Schauspielen und Filmen geistert ein großer struppiger Hund mit langen hängenden Ohren und Ringelschwanz im Bunde mit dem Bösen durch die geheimnisvollen Schlösser, denn bereits durch den Anblick würde dieses des Menschen Tod bedeuten.
Auch im Zusammenhang mit Krankheiten muß der Hund herhalten: So glaubt man, einen hartnäckigen Husten loszuwerden, indem man ein »Haar« des Erkrankten zwischen zwei gefettete Brotscheiben legt und die dem Hund zum Fressen gibt.
Im Oldenburgischen muß ein Fieberkranker einem Hund eine Schüssel Milch vorsetzen und sagen: »Viel Glück mein Hund, sei du jetzt krank, wie ich gesund!« Nach Aufsagen dieses Spruches und abwechselndem Trinken, mal der Hund, mal der Mensch, geht das Fieber auf den Hund über.
»Der grasfressende Hund kündigt Regen an«?! Doch auch dieses Verhalten ist ganz natürlich an ihm. Der Hund frißt gern saftiges Gras, vielleicht um einen Mangel an Vitaminen zu beheben, zumal das ihm vom Menschen gereichte Futter meist zu einseitig gehalten wird. Außerdem können Hunde nach Grasfraß Unverdauliches leichter erbrechen. Wenn es aber tatsächlich regnet, nachdem der Hund beim Grasfressen beobachtet wurde, fühlen sich »Weissager« bestätigt.
Noch nicht ganz ausgeräumt ist der Aberglaube, man solle nie einen Hund von einem Fleischer erwerben, sondern nur, wie man im Mittelalter sagte, vom Hirten. Denn »Fleischer«-Hunde würden die Herdentiere aus Lust am Fleisch reißen.
Rohes dunkelrotes Fleisch als Futtergabe mache den Hund besonders aggressiv und verführe zum Blutbeißer. Das wäre ein heilsames Mittel für Dienstschutzhunde, denen es an Schärfe mangelt.
Heult der Hund anhaltend, wird geglaubt, er ahne ein Unglück voraus oder ein Familienmitglied sterbe. Diese Lautäußerung ist aber vielmehr eine Verständigung unter Artgenossen und zumeist dort zu hören, wo die Entfernungen größer sind.
Es geistert auch immer noch die Vorstellung herum, daß die Qualität der Welpen »lediglich« vom Vatertier abhänge; es wird sogar der Erbanteil des Muttertieres bestritten und von minderwertigem Erbgut gesprochen.

»Blutlinien« sind auch – falsch interpretiert – einem gewissen Aberglauben und der Poesie zuzuordnen. Man glaubt die Vererbung einer Blutlinie vorausberechnen zu können; aber nicht das Blut an sich ist Träger der Erbanlagen, sondern die Vererbung erfolgt nach dem Gesetz der Spaltung und Neuzusammensetzung der (Erb-)Chromosomensätze von Rüde und Hündin, was mit Blutanteilen nur im übertragenen Sinne zu tun hat. Und »vorausberechnen« läßt sich das Ergebnis der Paarung nicht, und ganz gewiß nicht bei der Paarung von verschiedenen Rassen oder gar Mischlingen.
Auch die Vorstellung, daß ein Hund, dem Ohren und Schanz kupiert wurden, diesen Zustand weitervererben kann, ist völlig abwegig. Es gibt zwar Hunde mit angeborener »Mutz- oder Stummelschwänzigkeit«; an dieser Verkümmerung ist aber eher die Degeneration – also ein Erbfehler – zu erkennen.
Und noch viele, viele irregeleitete Ansichten verbreiten sich über den besten Freund des Menschen unter den Tieren, den Hund, auch in unserer sachlich aufgeklärten Zeit. Hoffentlich sei es ihm nie zum Schaden!

## Mögliche Mischlingspaarungen

Die grundsätzlich völlig unbeschränkte Möglichkeit einer Mischpaarung ist beispielsweise in Deutschland und Europa mit nachstehenden Rassen gegeben: Dobermann, Schnauzer, Pinscher – Airedaleterrier, Foxterrier – kleine Terrierarten – Doggen, Boxer, Bernhardiner, Hovawart – Sennen- und Hirtenhunde, Rottweiler – Schäferhund, Collie, Bobtail – Windhundarten – Laufhunde: Basset, Dachshunde (Dackel), Beagle, Dalmatiner – Jagdhunde: Draht-, Kurz-, Lang-, Stichelhaar, Münsterländer, Setter, Pointer – Stöberhunde: Wachtelhund, Cocker-Spaniel, Springer-Spaniel, Toy-Spaniel – Nordlandhunde, Spitze, Chow-Chow – alle Pudelarten. Außerdem paaren sich Mischlingshunde untereinander auch, so daß der Mannigfaltigkeit keine Grenzen gesetzt sind.

## Der Mischling aus dem Tierheim

Der »Struppi-Wagen«, eine Einrichtung des Tierschutzes, ermöglicht durch Spenden von tierlieben Menschen und Institutionen, nimmt ausgesetzte und streunende Hunde auf und bringt sie ins Tierheim. Ist der Besitzer nicht

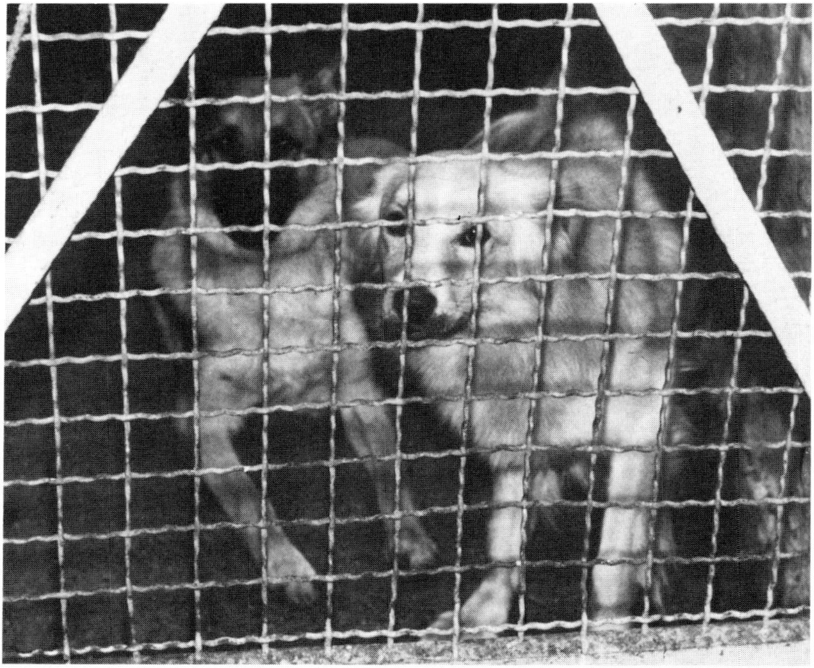

*Tierheim-Hunde …*

mehr ausfindig zu machen, werden diese Tiere freigegeben, und es wird nach einer neuen Bleibe gesucht. Auch Hundebesitzer, die sich aus gegebenen Gründen von ihrem Hund trennen müssen oder wollen, können den Hund im Tierheim abgeben. Der dort neu aufgenommene Hund wird vom Tierarzt untersucht, geimpft und von erfahrenem Pflegepersonal gebadet und gefüttert.

Die Hunde werden entweder je nach Veranlagung einzeln oder in Gemeinschaft in Käfigen mit Auslauf gehalten.

Eine Tafel an der Tür gibt Auskunft über:

Einweisungstag, Rüde oder Hündin, geschätztes Alter, geschätzte Rasse, durchgeführte Untersuchung und Impfung, die charakterliche Beschreibung mit Anforderungen an den Hund, Familienhund oder Einzelgänger, eventuelle Ausbildungen und seinen neuen Namen.

*... warten auf ein neues Zuhause*

So ist es möglich, nicht nur vom Aussehen her zu prüfen, ob es der Richtige ist.
Am »Tag der offenen Tür« ist es möglich, einen Rasse- oder Mischlingshund nach Erfüllung bestimmter Vorschriften und gegen einen Unkostenbeitrag zu erwerben.
Wenn die Umsetzung eines älteren Hundes notwendig wird, muß man ihm mit viel Geduld die neue Umgebung zeigen, ihn freundlich ansprechen und loben, ohne aber dabei »aufdringlich« zu wirken. Der Hund muß zunächst die Gerüche seiner neuen Umgebung und seinen Betreuer wahrnehmen. Auch der anfänglichen Zurückhaltung gegenüber sollte man sich nicht ungeduldig verhalten, denn der Hund braucht die Eingewöhnungsphase.

# Erziehung

Mit Verständnis, liebevoller Zuneigung und Konsequenz ist der Hund gut zu erziehen. Wir müssen ihm soweit wie möglich verständlich machen, was wir von ihm wollen. Fehlverhalten des Hundes ist meist auf fehlerhafte Erziehungsmethoden des Halters zurückzuführen. Beim Erziehen sollte so wenig wie möglich Zwang angewendet werden. Keine Vermenschlichung, wir würden dadurch die Wesensart des Hundes verkennen und ihm seine Entfaltungsmöglichkeiten nehmen. Seine Verhaltensweisen werden von Naturtrieben bestimmt, und er vermag auch nicht im menschlichen Sinne logisch zu denken. Den Sinn der menschlichen Sprache versteht er nicht, aber er lernt den Klang, die Klangstärke und den Tonfall zusammen mit den Gebärden seines Herrn so zu erkennen, um das Gewünschte zu erfüllen.

## Der neue Hausgenosse hält seinen Einzug

Um dem Welpen oder Junghund das Einleben in der neuen Umgebung zu erleichtern, holt man ihn am besten am Vormittag oder an einem Wochenende von seinem ehemaligen Besitzer ab. Sein neues Zuhause lenkt ihn von seinem Trennungsschmerz ab. Gegen Abend, wenn er zum ersten Mal allein sein wird, ist das heftigste Heimweh nach der Mutter und den Geschwistern bereits nicht mehr so groß.

Wenn wir zu Hause angekommen sind, beginnen wir gleich mit der Eingewöhnung. Wir haben bereits für ihn einen Platz, Körbchen oder ähnliches vorbereitet. Er wird dorthin gebracht. Wir loben und streicheln ihn. Zunächst bleiben wir in seiner Nähe und sprechen beschwichtigend auf ihn ein. Allmählich wird er sich beruhigen und dann versuchen, seine neue Umgebung zu erforschen, vor allem aber sie zu beriechen. Wenn er sich unsicher fühlt, wird er immer zu demjenigen zurücklaufen, der ihn hierher gebracht hat und dessen Geruch ihm schon vertraut ist.

Wenn wir meinen, er hat sich genügend umgeschaut, dann zeigen wir ihm seine Wasserschüssel, die wir am besten an einem ihm frei zugänglichen

Platz aufstellen. Er wird trinken und eventuell auch das angebotene Fressen annehmen.
Zu diesem Zeitpunkt wird er den ersten kleinen See verursachen, wenn wir das Hundchen nicht aufmerksam beobachten und bei beginnendem Bodenschnüffeln behutsam packen und ins Freie tragen. So lange hält er seine Notdurft ein. Für ihn ist alles neu und unbekannt, und deshalb dürfen wir ihn jetzt nicht schelten. Wir bringen ihn dann auf seinen neuen Platz, und er ist müde von aller Aufregung und wird schlafen.

## Halsband und Leine

Das erste Halsband sollte für jeden Hund weich und nicht zu breit sein. Um ihm genügend Bewegungsfreiheit zu lassen, nehmen wir eine längere Leine. Beim ersten Anlegen des Halsbandes wird er sich heftig wehren. Wir sprechen beruhigend auf ihn ein und vergessen dabei nie, ihn zu loben. Haben wir es angelegt, dann wird er versuchen, das ihn störende Halsband mit den Pfoten abzukratzen. Er wird dabei ganz aufgeregt. Wir versuchen, ihn abzulenken, besonders dann, wenn wir nun noch die Leine befestigen. Er wird sich dagegen stemmen und je nach Temperament aufbocken, rückwärts laufen, knurren und jaulen. Die erste Ruckbewegung der Leine ist auch der erste Zwang, den er in seinem Leben erlebt.
Um ihm dieses Gefühl zu nehmen, gehen wir rückwärts vor ihm her und locken ihn zu uns heran. Er wird neugierig folgen und dabei Halsband und Leine vergessen. Sobald ihm etwas fremd vorkommt, wird er sich setzen, dann sprechen wir aufmunternd auf ihn ein und gehen wieder ein paar Schritte. Bei diesen ersten Laufversuchen muß die Leine immer locker durchhängen.
Bald wird er Freude an diesem neuen Entdeckungsspaziergang haben. Wenn er plötzlich etwas Interessantes sieht, läuft er darauf zu, dann reagieren wir derart, daß wir folgen und die Leine nicht am Halsband ruckt. Trotzdem wird er hin und wieder den Zwang spüren, sich setzen und jammern. Wir trösten ihn erneut, loben ihn und fordern ihn immer wieder auf, uns zu folgen.
Falsch ist, den Welpen oder Junghund an der Leine hinter sich herzuziehen, auch Ungeduld und Schelte helfen uns dabei nicht weiter. Mit viel Liebe und Geduld kann man meist an einem Tag erreichen, daß er sich an beides

gewöhnt. Tagsüber behält er vorerst das Halsband um. Nachts nehmen wir es ab, um zu vermeiden, daß er sich vor Unbehagen damit stranguliert. Nach kurzer Zeit wird das Anlegen von Halsband und Leine für ihn bedeuten: »jetzt gehen wir Gassi«, was er erfreut erwartet.

## Stammplatz und der Platz für die Nacht

Wichtig für das neue Familienmitglied ist es, daß wir entscheiden, was es darf und was verboten ist. Wir sollten den Hund an den Fußboden gewöhnen. Polstermöbel und das Bett sind für ihn verbotene Sitz- und Liegeplätze. Schnell hat er sich etwas angewöhnt, aber nahezu unmöglich ist es, ihm das wieder abzugewöhnen. Wenn wir ihm erlauben, auf einem bestimmten Sessel oder ähnlichem zu sitzen, dann darf er ihn nur einnehmen, wenn er dort eine entsprechende Decke vorfindet. Meist gibt er sich damit zufrieden, und dadurch erreicht man, daß nicht alle Sitzmöbel für ihn frei sind.
Die erste Nacht im neuen Zuhause ist für jeden Welpen und Junghund schlimm. Er fühlt sich einsam und wird versuchen, die Nacht in unserer Gesellschaft zu verbringen. Keinesfalls darf man ihn in dem Zimmer, wo er schlafen soll, aufsuchen und trösten wollen. Eine Hilfe kann sein, wenn ins Körbchen ein Tuch gelegt wird, das von seinem ehemaligen Zuhause stammt und einen für ihn vertrauten Geruch hat. Ein nützlicher Tip: Legen sie eine aufgezogene Taschenuhr unter die Schlafdecke; das Ticken beruhigt das Hundchen. Vielleicht erinnert es an den Herzschlag der Mutterhündin. Eine oder zwei Nächte sind so zu überstehen. Er wird sich dann an das nächtliche Alleinsein für alle Zeiten gewöhnen. Wir lösen dieses Problem und haben einen braven Hund.

## Futterplatz und Fütterung

Als Fütterungsplatz für den Hund eignen sich Küche oder Balkon besonders. Wenn beim Leeren der Futterschüssel etwas danebengeht, kann der Fußboden rasch gesäubert werden. Manche Hunde sortieren Futterstücke aus, die nicht nach ihrem Geschmack sind und legen sie neben die Schüssel, um sie eventuell zum Schluß doch noch aufzufressen. Auch die Wasserschüssel stellt man am besten in der Küche auf. Sie muß einmal am Tag

*»Marba« aus Marbella, eine liebenswerte Ferienbekanntschaft. Auch so kann man auf den Hund kommen*

gründlich gereinigt werden. Wichtig ist Futterpünktlichkeit. Die Zeit, wann gefüttert wird, muß immer eingehalten werden. Dies gilt besonders für den erwachsenen Hund, der nur noch einmal am Tag seine Portion erhält. Man kann, je nach Gegebenheit, die vorgesehene Futtermenge auch auf zweimal täglich verteilen. Die Futterzeit(en) kann man so wählen, wie es für uns am günstigsten ist; aber dann ist sie exakt einzuhalten.
Bereits jetzt müssen wir darauf achten, daß der Hund nicht, während wir essen, am Tisch zu betteln beginnt. Die Familie muß sich darauf einigen, bei noch so bittenden Hundeaugen, niemals der Aufforderung durch ihn nachzukommen. Auch die Gäste, die uns besuchen, bitten wir, dieses Verbot nicht zu unterlaufen. Am besten löst man dies, indem der Hund während der Mahlzeiten ruhig irgendeinen Platz im Raum einnehmen muß. Dieses Benehmen wird uns helfen, wenn wir später ausgehen wollen und im Restaurant mit Freunden ohne Störung essen möchten. Außerdem ist vieles aus der menschlichen Küche keinesfalls für einen Hundemagen geeignet.

## Gehorsamsübung, Ruf oder Pfiff

Damit wir uns mit dem Hund im Straßenverkehr sicher bewegen können, ist die wichtigste Übung das Kommen zu Herrchen oder Frauchen. Man muß sich entscheiden, ob man rufen oder pfeifen will. Es ist das erste Kommando, das der Hund lernen und sicher befolgen muß, und mit ihm kann man nicht früh genug beginnen.

Das Kommandowort heißt »Hier!« Zuerst übt man dies am besten in der Wohnung. Am Halsband wird eine lange Schnur befestigt, und mit dem Wort »Hier« ziehen wir ihn ruhig zu uns heran und loben ihn mit dem Wort »Brav«, wenn er bei uns angekommen ist.

Vergessen Sie nie, ihn für das Kommen zu streicheln. Die Übung wird einige Male wiederholt. Sie sollte nicht zu oft hintereinander erfolgen, weil wir ihn leicht dadurch überfordern könnten. Sie wird aber in unregelmäßigen Abständen verschiedene Male am Tag erneut geübt.

Wenn die Übung in der Wohnung einigermaßen gelingt, verlegen wir sie ins Freie. Am Halsband befestigen wir statt der langen Schnur nunmehr eine Wäscheleine. Am besten übt man zunächst auf einer Hundewiese oder auf einem ruhigen, verkehrsarmen Platz, wo der Hund nicht so viel Ablenkung hat. Wenn er sich nach unserer Meinung genug ausgetobt hat, dann rufen wir energisch »Hier« und ziehen ihn wieder zu uns heran, wobei das Kommando »Hier« noch ein bis zwei Mal wiederholt wird. Bei uns angekommen, wird er wieder gelobt mit dem Wort »Brav« und gestreichelt. Dann lassen wir ihn wieder herumspringen. Anschließend folgt die gleiche Übung mit »Hier« und »Brav« nochmals. Dies reicht fürs erste. Beim nächsten Spaziergang wird sie wiederholt.

Wichtig ist: Das Kommando sollte stets ohne Beiworte wie »Bello, nun komm endlich hierher« oder ähnlichem erfolgen. Wenn er eigene Wege gehen will, dann soll die verschärfte Stimme »Hier« ihm anzeigen, daß man damit nicht einverstanden ist. Kommt er endlich, wird er ausgiebig belohnt mit Streicheln und dem lieben »Braav«.

Wenn Sie aber anstelle des »Hier« pfeifen wollen, dann ist das »Braav« und »Streicheln« stets die Belohnung für sein Kommen. Anfangs empfiehlt es sich, einen Leckerbissen als Belohnung bereitzuhalten. Er wird schnell begreifen: Komme ich gehorsam zurück, dann erhalte ich neben dem Lob und der Streicheleinheiten auch den Leckerbissen. Um ihn dabei nicht zu überfüttern, sollten wir das Leckerli sparsam einsetzen, und wenn er seine Lektion gelernt hat, ganz damit aufhören.

Diese Gehorsamsübung fällt ihm anfangs schwer, später wird er sich aber, wenn er dann ohne Leine laufen darf, mit dem »Hier« oder »Pfiff« an eine liebevolle Behandlung erinnern.
Keinesfalls sollte mit der Hand gestraft werden, weil er die ja nur in guter Erinnerung hat.
Sollte der Hund sich wirklich einmal beim Spaziergang vergessen und erst nach mehrmaliger Aufforderung zu uns zurückkehren, nutzt strafen kaum etwas — im Gegenteil. Er hat gelernt: »Kommen« bedeutet Lob und Streicheln. Wir können zwar zornig sein, müssen ihn aber loben, denn sonst würde er das Erlernte nicht verstehen (siehe Seite 55).

## Wir üben »Sitz« und »Platz«

Die Übung »Hier« hat der Hund nunmehr gelernt. Jetzt werden die Kommandos »Sitz« und »Platz« geübt. Wenn sie ihm richtig vermittelt werden und er sie später gut ausführt, dann spricht man von dem wohlerzogenen Hund.
Am leichtesten ist für ihn, sich auf das Kommando »Sitz« hinzusetzen. Er tut dies selbst sehr häufig und bei den unterschiedlichsten Gelegenheiten. Wir rufen den Hund zu uns heran, streicheln ihn und sagen »Sitz«. Er wird dabei mit der rechten Hand am Halsband festgehalten, und mit der linken Hand wird gleichzeitig das Hinterteil des Hundes nach unten gedrückt. Dies sollte möglichst ohne Hast und Eile geschehen. Sitzt der Hund, wird er immer dafür sehr gelobt. Auch diese Übung wird zuerst in der Wohnung probiert. Wir wiederholen sie etwa drei- bis viermal hintereinander, und sie wird dann erst am nächsten Tag erneut geübt.
Nun soll der Hund lernen, sich hinzulegen. Er wird wie bisher gerufen, gelobt und gestreichelt, und dann kommt das Kommando »Platz«. Der Hund wird derart zu Boden gedrückt, daß die rechte Hand auf dem Nacken und die Linke auf dem Rückenende liegt. Es gelingt nicht auf Anhieb, den Hund so zum Boden herunterzudrücken. Er wird sich anfangs dagegen wehren. Gelingt es uns nicht auf die beschriebene Art, ihn herunterzudrücken, ziehen wir mit der rechten Hand seine Vorderbeine vor und drücken ihn mit der Linken auf das Rückenende zu Boden. Liegt er, wird er gelobt und ausgiebig gestreichelt. Dann darf er wieder aufstehen. Diese Übung sollte man nicht öfter als dreimal hintereinander versuchen. Wenn wir sie auch die nächsten Tage probieren, bekommt er

 *Ein hübscher, folgsamer Hund – was macht's , daß er nicht von reiner Rasse ist?*

*Hunde reagieren interessiert und gern auf ihre »Vorgesetzten«*

allmählich Spaß daran und wird die Übung bald, ohne sich zu sträuben, ausführen.
Mit dieser Übung kann man auch die Aufforderung, seinen Korb auf Kommando aufzusuchen und sich dort hinzulegen, sehr gut verbinden. Dazu brauchen wir das Kommando »Platz« beispielsweise nur um das Wort »Korb« oder ähnliches zu erweitern. Sie ist im Ablauf genauso wie die »Platz«-Übung, nur eben im Korb, vorzunehmen. Will er nach dem Loben sofort den Korb bei dieser Übung verlassen, wird er daran gehindert, und wir bleiben noch eine Weile bei ihm. Dies muß liebevoll, keinesfalls durch Gewalt geschehen.
Wenn alle Übungen in der Wohnung vom Hund richtig ausgeführt werden, werden sie im Freien und unter Ablenkung erneut geübt.

## Unnötiges Bellen

Bevor der Welpe zum ersten Mal richtig bellt, meint man, er kann es nicht. Vorsicht aber, wenn wir beim ersten Bellen ihm freudig zuhören oder ihn gar weiter dazu ermuntern. Er wird versuchen, mit Bellen auf sich aufmerksam zu machen, um zu erreichen, daß wir uns bevorzugt um ihn bemühen. Später, wenn der Hund bellt, weil er etwas meldet, was nicht den häuslichen Dingen entspricht, so sollte höchstens einmaliges Anschlagen erlaubt werden. Schlägt er an, dann kommt das scharfe »Pfui«, man ruft den Hund heran und lobt ihn, wenn er das Bellen einstellt. Er wird sich auf diese Weise merken, aufpassen ja, aber fortgesetztes Bellen ist nicht erwünscht.

## Wir erhalten Besuch

Der Hund leistet dem Menschen zu jeder Zeit gern Gesellschaft. Er ist besonders mit dem Familienmitglied vertraut, das ihn erzieht und füttert. Wir erwarten, daß er wachsam ist, er soll aber später angemeldete Besucher und Gäste nicht verbellen. Auch das muß er lernen: Wie er Besucher begrüßt. Meist merkt der Hund schon, ehe es klingelt, daß jemand ins Haus kommt. Er wird anschlagen oder knurren. Bevor wir die Tür öffnen, haben wir das Kommando »Sitz« gegeben, das zeigt dem Hund, daß der Besucher willkommen ist. Wir beruhigen ihn beispielsweise mit der Aussage »Ruhig, brav«. Dies sagen wir immer bei ähnlichen Gelegenheiten, um zu erreichen, daß sich auch der Hund dem Eintretenden gegenüber freundlich verhält. Es ist nützlich, ihm zu erlauben, den Geruch des Besuchers aufzunehmen. Er ist dann beruhigt, aber er muß alsbald den Befehl erhalten, auf seinen Platz zu gehen.
Nachdem der Besucher wieder das Haus oder die Wohnung verlassen hat, wird das Tier für sein vorbildliches Verhalten ausgiebig gelobt. Bleibt der Besuch, weil er Gast ist, kommt der Hund zunächst in einen Raum, wo er warten muß, bis wir ihm erlauben, den Gast (oder die Gäste) zu begrüßen. Später wird er durch unsere Vorbereitungen merken, daß wir Gäste erwarten. Er wird unsere nunmehr oft geübten Vorbereitungen kennen und sich über die Erlaubnis freuen, auch später die Besucher begrüßen zu dürfen. Zwischen Hunden von Gästen, die auch Hundehalter sind und ihr Tier zu uns mitbringen dürfen, und unserem Hund kann es auch zu besonderen

Freundschaften kommen, aber bei der ersten Begegnung ist zunächst äußerste Aufmerksamkeit der Hundebesitzer angeraten.

## Kinder und Hunde

Sind in der Familie Kinder, kann es für die Kinder und den Hund sehr schön sein, gemeinsam aufzuwachsen. Sind die Kinder bereits älter, so sollte man nicht den Fehler begehen, sie ohne Anleitung mit dem Hund spielen zu lassen. Sie müssen wissen, wie man beispielsweise mit dem Hund spazierengeht, so daß niemand dabei Schaden erleidet. Es ist keinesfalls ratsam, ein zehn- bis zwölfjähriges Kind einen Hund, der die Größe einer Dogge oder eines Neufundländers hat, allein ausführen zu lassen. Im Ernstfall ist das Kind nicht in der Lage, den Hund zu halten, wenn er zum Beispiel auf der anderen Straßenseite eine Hundefreundin erblickt, die er gern begrüßen möchte.

*Zwölf Wochen alter Mischlingshund, gerade dem Welpenalter entwachsen. Man weiß nicht, wie groß er noch wird und sollte dieses Risiko bei der Anschaffung bedenken*

## Hund und Katze

Noch heute wird vielfach geglaubt, daß Hund und Katze nicht zusammen leben können. In vielen Hausgemeinschaften leben sie jedoch friedlich miteinander und fressen oft sogar aus einem Futternapf. Wolf und Wildkatze kommen sich in unseren Wäldern beim Ausüben ihres Jagdtriebes kaum ins Gehege. Der Hund als geborener Hetzräuber ist seinem Instinkt gemäß leicht zur Katzenverfolgung anzuregen. Er merkt schnell, das gefällt seinem Herrn, und wird noch eifriger, bis auf ihn das Sprichwort angewendet werden kann: »Sie leben wie Hund und Katze«. Die Lehre daraus: Zwischen Hund und Katze besteht eine natürliche Abneigung, aber man kann mit Umsicht seinen Hund dazu erziehen, daß er Katzen duldet und ihnen nicht nachstellt.

## Spazierengehen — mit oder ohne Leine?

Der Hund braucht viel Bewegung. Deshalb: einmal um den Block genügt ihm nicht. Je nach Veranlagung, denn der Mischling hat mancherlei Erbanlagen auf sich vereinigt, kann er Lauf- oder Jagdhund sein. Täglich eine Stunde Auslauf sollte als unterste Grenze gelten, besser sind zwei Stunden für das Lauftier Hund.
In unseren verkehrsreichen Straßen ist freies Laufen für ihn nicht ungefährlich. Er hat inzwischen die Leine akzeptiert, sich mit ihr abgefunden. Aber noch springt er mit ihr herum und ist verspielt. Mal zieht er an der Leine, bleibt ruckartig stehen, wechselt nach Belieben die Seiten und schnüffelt an Stellen, wo wir nicht haltmachen wollen.
Inzwischen ist der Hund sechs Monate alt geworden, und er muß nun lernen, »bei Fuß« zu gehen. Damit uns mit ihm das Spazierengehen Spaß macht, ist es wichtig zu wissen, daß der Hund stets links geführt wird. Dies ist in der Hundeausbildung für Gebrauchs- und Sporthunde die erste Regel. Die Leine wird mit der rechten Hand gehalten, damit die linke für Hilfgriffe frei ist, und der Hund geht an der linken Seite. Bevor wir richtig mit ihm gehen oder laufen, sollte er sich gelöst haben, damit er sich ganz auf uns einstellen kann. Wir nehmen die Leine kurz und sagen »Fuß«.
Bei größeren Tieren sollte die Schulter in der Höhe unseres linken Knies sein. Wir halten beide das gleiche Tempo. Bummelt er oder zieht vor, dann ziehen wir an der Leine und sagen »Fuß«. Etwa 80 bis 100 Meter gehen wir

auf diese Weise, dann kommt das Kommando »Sitz«. Tut er dies, wird er ausgiebig gestreichelt und gelobt. Auf dem Heimweg wiederholen wir die Übung. Die Kommandos »Leinenruck« und »Fuß« sollten zwar energisch sein, aber keinesfalls darf daraus eine Quälerei werden.
Wenn diese Übung mit der Leine perfekt ist, dann wird sie auf einem Hundespielplatz, jetzt ohne Leine, geübt. Dabei müssen wir mit dem Hund geduldig umgehen, denn Hast würde ihn verunsichern, und er wird versuchen uns zu führen, statt wir ihn.
Nur bei vollkommener Beherrschung dieser Übung und wenn wir den Grad der Folgsamkeit des Tieres kennen, kann man sie mit ihm im Straßenverkehr anwenden.
Sehr wertvoll ist die Übung, den Hund stets an unserer linken Seite sitzen zu lassen, wenn wir stehenbleiben. Alle vorangegangenen Übungen erleichtern uns, ihm diese neue beizubringen. Kennt er sie erst, wird er sich später auch ohne Kommando und unaufgefordert neben uns setzen.
Hat er alles richtig gelernt, wird es für Herrn und Hund eine Freude sein, miteinander spazierenzugehen.

# Instinkt oder Intelligenz

Die Begriffe »Instinkt« und »Intelligenz« werden gerade beim Hund widersprüchlich und verschwommen angewandt: Instinkthandlungen nennt man die bestimmten typischen Handlungen, zu denen das Tier unter gewissen Umständen durch die psychische Anlage, die wir »Instinkt« nennen, veranlaßt wird. Diese Handlungen sind dazu bestimmt, daß sie zweckmäßig für das Weiterbestehen der Tierart sind und sie diese ausführt, ohne ihre Zweckmäßigkeit zu begreifen. Außerdem sind sie angeboren und brauchen nicht erlernt zu werden. Ein weiteres Merkmal ist, daß Instinkthandlungen typisch für die Art sind, zu der das Tier gehört.

Wenn sich eine Art derartig stark in Rassen aufteilt und differenziert hat wie der Hund, sind rassespezifische Instinkthandlungen zu beobachten.

Typische Instinkthandlungen des Hundes sind das Schütteln der lebenden Beute (auch eines Spielzeuges, das die Rolle der Beute übernimmt), das Sich-im-Kreis-Herumdrehen, das sogenannte Zurechtmachen des Bettes, Aufstellen von Geruchsfahnen, das Umkreisen anderer Lebewesen und das Vergraben oder Verstecken von Nahrung.

Beim Menschen umfaßt der Begriff »Intelligenz« einen Komplex von psychischen Erscheinungen, die teilweise miteinander verwandt sind, sich voneinander unterscheiden und ineinander übergehen: Denkvermögen, Gedächtnis, Aufmerksamkeit, Einsicht, Begriffsbildung und anderes. Die Intelligenz fehlt dem Tier, denn Begriffsvermögen und Denkvermögen sind ihm nicht eigen. Der angeborene Instinkt nimmt eine viel größere Stellung ein. Menschen, die mit Hunden arbeiten, nutzen die Erinnerungsfähigkeit des Tieres, den ihm gegebenen Befehl auszuführen. Deshalb ist es für erfolgreiche Hundeerziehung und Hundeführung so überragend wichtig, daß man dem Hund die gewünschte Handlung begreiflich macht und Kommandos eindeutig sind.

Der Tierpsychologe Bierens de Haan schreibt darüber: »Im allgemeinen wird verstanden unter Intelligenz das Vermögen, angeborene Verhaltensweisen zu verändern oder durch im Leben gewonnene Erfahrungen zu beeinflussen!«

*Sein Fell braucht viel Pflege*

Wenn der eine Hund schneller ist als der andere, kann man das nicht seiner Intelligenz zurechnen, denn jener Hund (und auch seine Rasse) ist von Natur aus härter oder eigenwilliger als der andere.

Aber auch ein Hund, der sich durch besonders rasche Lernfähigkeit hervorhebt und das Gelernte zu behalten scheint, so daß er zu den »Intelligentesten« gerechnet werden muß, ist aber nicht zur Begriffsbildung fähig. Worte wie »Gehorsam« oder »gut und böse« kennt er ebensowenig wie »Katze — Hund — Mensch« und dergleichen.

*Dieser Mischlingstyp ist in Spanien regional verbreitet*

Er unterscheidet zwischen Handlungen, die belohnt oder bestraft werden, und Menschen und Tieren, die ihm freundlich oder feindlich entgegentreten; auch für ihn Genießbares oder Ungenießbares sowie alles, was als Lager geeignet ist.

Außerdem scheinen Hunde fähig zu sein, die Übereinstimmung zwischen den Elementen von Gruppen verwandter Erscheinungen und Gegenständen zu erkennen. Man spricht hier von »sinnlicher und sensorischer« Begriffsbildung. Daß der Hund in der Lage ist, auf Grund seiner Erfahrungen zwischen bestimmten Dingen eine räumliche Verbindung zu sehen, beweist die Praxis. Wird ein Hund gerufen, der sich auf der anderen Seite des Zaunes befindet, so daß er einen Umweg machen muß, um zu seinem Herrn zu kommen, wird er dieses Problem lösen.

Unter Erfahrung ist die Handlung einzureihen, sich den jeweiligen Umständen und eigenen Erlebnissen anzupassen. Zum Beispiel: Der Hund verändert seine tägliche gelaufene Route ganz plötzlich, da er unangenehme Erfahrungen auf diesem Weg gemacht hat, es wurden Steine nach ihm geworfen oder dergleichen. Dieses Tier ist also aus Erfahrung klüger geworden.

 Aus alten jagdkynologischen Büchern ist von einem Brauch zu lesen, der grausam anmutet, aber eine Auslese darstellen sollte. Man suchte aus überzähligem Wurf die Welpen heraus und legte sie in einen mit Feuer umgebenen Kreis, und die Hündin sollte nun die Jungen auswählen, die die besten waren. Natürlich hat eine nervenstarke und mit genügender Milchabgabe versehene Hündin alle Welpen gerettet. Dieses ist einer Instinkthandlung zuzuordnen.

## Das Wesen des Hundes

Wird ein Hundehalter nach den bemerkenswertesten Charaktereigenschaften seines Tieres gefragt, so steht als Antwort an erster Stelle »Treue und Anhänglichkeit« und bei Hunden, die als Gebrauchshund arbeiten, »Wachsamkeit, Aufmerksamkeit, Folgsamkeit«.
Die Anhänglichkeit des Hundes seinem Besitzer gegenüber ist um so größer, je früher das Jungtier aufgenommen wird. Unter natürlichen Verhältnissen leben die Hunde in einem »Rudel« (Meute) zusammen, in dem ein wesensstarkes Leittier (Rüde oder Hündin) die Führung übernimmt. Die Rudelmitglieder müssen sich den Gesamtinteressen unterwerfen.
Lebt der Hund mit dem Menschen zusammen, unterwirft er sich diesem als ranghöchstem Rudeltier. Das ist für die Lebenserhaltung des Hundes von größter Bedeutung. Wird der Hund von seinem Betreuer getrennt, findet er bei großen Entfernungen im allgemeinen nicht wieder zurück. Es gibt zwar Schilderungen vom Heimkommen einiger Hunde, aber das ist nicht die Regel. Aus Angst, er könne seinen Herrn verlieren, ist der Hund bestrebt, ihm auf Schritt und Tritt zu folgen.
Die Wachsamkeit und die Bereitschaft zur Verteidigung haben Hunde von den Lebensgewohnheiten ihrer Vorfahren noch in sich. Die Wolfsrudel ziehen sich in Höhlen und Verstecke zurück, wenn sie sich zum Schlaf legen, doch bei den geringsten Geräuschen, die für sie eine Gefahr bedeuten, sind sie wach und erkunden die Gefahrenquelle. Unsere Hunde stoßen bei Verdacht bellende Laute aus, womit sie auch schon manchen Dieb vertrieben haben. Hunde sind daher beliebte Wächter des Eigentums. Wer ärgert sich nicht über den bellenden Hund am Zaun, der eine vermeintliche Gefahr, auch wenn sich diese nur in Form von harmlosen Spaziergängern zeigt, abzuwehren versucht?
Doch ist dieses der alte Instinkttrieb, das Revier zu verteidigen. In der

*Der Mensch ist der »Obermann« des Hundes, ihm gehorcht er*

Wohnung wird die Ecke mit dem Lager oder Körbchen zum Revier im engeren Sinne, das dann ebenfalls mit Bellen verteidigt wird. Tucholsky schilderte die Situation des bellendes Hundes so: »Einem Hund, der etwas bewacht, zuzusehen, kommt dem Erlebnis gleich, einen Urmenschen zu beobachten. Er ist stets unsicher, unruhig und macht sich mit Lärm (Bellen) Mut — er greift an, weil ihn seine Angst nach vorn treibt!« Die Leidenschaft von frei herumlaufenden Hunden, sich bewegenden Gegenständen kläffend nachzulaufen, hat ihre Ursache in der Jagdlust der Hunde.

*Im Grundverhalten sind sich alle Hunde gleich: freudige Begrüßung in der Stadt*

Eine rohe Behandlung des Hundes führt dazu, daß seine Ängste und damit die Unberechenbarkeit noch verstärkt werden, so daß sich oftmals Angstbeißer entwickeln. Ängstliche Hunde sind durch Züchtung meist erblich belastet. Diese Hunde sind zu bedauern, weil sie wenig mehr als Angst und Panik kennen.

Beiß- und Bissigkeitsursachen sind: die Durchführung von Zwangsmaßnahmen, das Schmerzzufügen, große Erregung, das Eingreifen in eine Beißerei, Drohgesten, das Futterwegnehmen, Wegnahme von Gegenständen, die der Hund bewacht, und wenn er im Schlaf gestört wird.

Das Bestrafen für unerlaubtes Handeln sollte unmittelbar erfolgen, da der Hund »Missetaten« nicht lange im Gedächtnis speichert. Nach einer Zurechtweisung versucht der Hund seine Demut und Unterwerfung etwa folgerndermaßen zu demonstrieren: Auf dem Rücken liegend den Besitzer anschauen, sich ducken und Pfötchengeben versuchen, das Senken des Kopfes und das Anlegen der Ohren, das Herankriechen an den Besitzer, das Anschmiegen und das Stupsen mit der Schnauze, davonzurennen mit eingezogenem Schwanz und angelegten Ohren.

# Sinneswahrnehmungen

## Geruchssinn (Nase)

Der Hund erforscht seine Umwelt durch die Nase, indem er schnuppert und alles beschnüffelt. Er zieht von Baum zu Baum, Laterne zu Laterne, an sämtliche Straßenecken, Hauswände und andere für den Geruch interessante Stellen, um seine Neugierde zu befriedigen.
Dieses Verhalten erklärt sich daraus, daß die Hunde ein für den Menschen unvorstellbar feines Empfindungsvermögen für Duftstoffe haben. Die Fähigkeit zur Wahrnehmung kleinster Duftstoffmengen steht mit der großen Zahl von Riechzellen in der Nasenschleimhaut im Zusammenhang: Beim Menschen etwa 20 Millionen, beim Hund dagegen — je nach seiner Größe — etwa 150 bis 300 Millionen solcher Duftmeßfühler.
Von den Analbeuteln und den Hautdrüsen im Genitalbereich gebildete Duftstoffe spielen beim Kennenlernen und Bekanntsein der Hunde eine wichtige Rolle. Wenn sich Hunde gegenseitig begrüßen, wird erst mal ein Kontakt mit der Schnauze aufgenommen, wo dann ein Beriechen in der Leistengegend und im Analbereich folgt. Durch Wedeln mit dem Schwanz werden freundschaftliche Gefühle ausgedrückt, durch Knurren dagegen Kampfstimmung.
Auf die Information seiner Riechschleimhaut verläßt sich der Hund blindlings, besonders was die Orientierung angeht.
Was für den Hund duftet, wirkt auf den Menschen wie »Gestank«. Es liegt hierin eben ein instinktmäßiges Verhalten aus dem Erbe seiner Ahnen, wie das Vergraben von Fleischresten, die als Zersetzungsprodukte gefressen werden, dem Hund aber nicht schaden, da der Magen des Hundes eine ziemlich saure Beschaffenheit hat (pH zwischen 1,5 bis 2,5) und in starkem Maße hemmend auf das Wachstum von Fäulniserregern wirkt, so daß auch das Aasfressen meist nicht von ungünstiger Wirkung auf die Gesundheit ist.
Aus dieser Vorliebe für anders riechende Gerüche unsererseits passiert es auch, daß der Hund sich, wenn unbeobachtet, gern in übelriechenden

Abfällen wälzt. Auch das ist nicht »abartig«, nur mitunter ein Problem, wenn nicht gerade ein See in der Nähe ist, worin man ihn baden kann.

## Hörsinn (Ohren)

Die Hunde haben ein stark ausgeprägtes Hörvermögen, das etwa um das Vierfache besser ist als das des Menschen. Es werden vom Hund noch Schallwellen wahrgenommen, die in höherer Frequenz liegen. Man kann daher Hundepfeifen mit einer Schwingungsfrequenz von 20 000 bis 40 000 Schwingungen pro Sekunde verwenden, die für den Menschen nicht mehr wahrnehmbar sind, doch auf den Hund noch sehr empfindlich einwirken (diese Pfeifen verwendet man im Jagd- und Schutzdienst).
Bei Wahrnehmungen von Beute- oder Feindtieren, die sich »gegen« den Wind bewegen und so keine geruchliche Ausströmung haben, ist das Hören von größter Bedeutung.
Für die Verständigung zwischen Mensch und Hund ist das Hören von Worten des Gehorsams wegen auch sehr wichtig, da Hunde ein gutes Unterscheidungsvermögen besitzen, und zwar für Tonlagen. Sie verbinden im Laufe der Zeit aus Worten und Sätzen bestimmte Handlungen, die sie von Wortsignalen ableiten können (siehe Kapitel »Erziehung« Seite 38).

## Sehen (Augen)

Das Sehen ist für die Orientierung des Hundes in der Umwelt von weniger wichtiger Bedeutung als das Riechen und Hören, zumal die Netzhaut des Hundes weitaus weniger Sinneszellen (Meßfühler) für die Wahrnehmung optischer Reize hat als die des Menschen. Im Sehnerv des Hundes sind etwa 150 000 bis 200 000 Nervenfasern zum Zweck der Leitung optischer Informationen an das Gehirn ausgebildet. Beim Menschen kommen dagegen in einem Sehnerv mehr als eine Million Nervenfasern vor. Ein scharfes Sehvermögen des Hundes besteht nur bis auf eine Enfernung von etwa 10 m. Wird der Hund aus einer größeren Entfernung gerufen, so orientiert er sich in Richtung der Schallquelle und stürmt blindlings in diese Richtung. Auf eine Entfernung von 300 m nimmt der Hund sich bewegende Gegenstände aber wahr, zum Beispiel Tiere im Wald, und stürmt auf diese zu, da er sie für Beu-

tetiere hält. Das Sehvermögen in der Dunkelheit ist auf »kurze« Entfernung relativ gut.
Das Gesicht des Hundes kann vielerlei Stimmungen ausdrücken, die besonders im »Auge« liegen; auch zur Verständigung der Hunde untereinander ist das wichtig.

### Übersicht über die wichtigsten Formen des Mienenspiels beim Hund

| **Blick** | **Anlaß** |
|---|---|
| heiter, freundlich | Beim Begrüßen des Betreuers und bei Belohnung und Loben. |
| mißtrauisch | Wenn sich der Hund über bestimmte Vorgänge hinsichtlich ihrer Bedeutung nicht im klaren ist, beziehungsweise wenn sich eine fremde Person nähert. |
| abweisend, drohend | Bei Annäherung fremder Menschen an das Revier oder Lager, Störung beim Fressen. |
| aggressiv, abwehrend | Bei vermeintlicher Bedrohung, dabei werden die Zähne gezeigt. |
| traurig | Während des »Hängens« bei der Paarung und bei Erkrankungen, bei Abwesenheit der Betreuer oder Freunde, bei gemeinsamer Haltung mit anderen Hunden im Fall der Abwesenheit. |

### Lautäußerung (Stimme)

Bei der Verständigung von Tieren haben Lautäußerungen eine große Bedeutung: Sie dienen zur Begrüßung, zum Zusammenhalt der Herde, zum Ausdrücken der Stimmung, zur sexuellen Werbung und zum Informieren, wenn Gefahren nahen.
Beim Hund spielt die Lautäußerung als Ausdruck von Freude oder Schmerz, beziehungsweise zur gegenseitigen Information eine große Rolle. Besonders in Landgebieten kann man feststellen, daß das Bellen eines Hundes bald auch alle anderen im Dorf dazu animiert.
Wird ein Hund bestraft und gibt Lautäußerungen des Schmerzes von sich, so wird der mit ihm lebende Hund durch Protestbellen seinem Artgenossen »moralisch« zur Seite stehen.

Der Hund in der Gebrauchshundarbeit lernt besondere Lautgebung, so auch bei der Jagd, wenn er sich in unmittelbarer Nähe des noch lebenden oder des erlegten Wildes befindet. Hunde im Schutzhund- oder Rettungsdienst müssen besondere Vorkommnisse durch »Lautgeben« melden; beides zeigt, daß man hundliche Veranlagung auch für die Unterstützung menschlicher Absichten nutzen kann.

## Übersicht über die wichtigsten Ursachen von Lautäußerungen beim Hund

| **Ursache** | **Bedeutung** |
|---|---|
| Bellen aus Langeweile | Tritt auf, wenn nichts passiert, wirkt ansteckend auf andere Hunde in der Umgebung, die zur Unterhaltung mitbellen. |
| Bellen zur Warnung | Kräftige, energische Laute in kurzen Abständen werden bei Verteidigung des Reviers abgegeben, oft mit Zähnefletschen verbunden. |
| Bellen aus Angriffslust | Wütend klingende Laute, die in unregelmäßigen Abständen beim Herumspringen ausgestoßen werden, Indiz guter Laune. |
| Bellen bei der Begrüßung | Freudig klingendes Bellen, kurz, eventuell in Winseln übergehend, Kontaktlaute. |
| Bellen und Heulen | Nach kurzen Belltönen ein langgezogener Heulton, besonders bei im Freien gehaltenen Hunden, bei Rüden, wenn brünstige Hündinnen in der Nähe sind (Liebesheulen), oder Heulen aus Einsamkeit. |

## Tastsinn (Hautoberfläche)

Eine Sinnesempfindung, die bei dem Hund besonders gut ausgeprägt ist. Berührt man den Hund ganz leicht an der Körperoberfläche, wird er sofort reagieren. Die empfindsamsten Stellen sind der Nasenspiegel, die Lippen, die Zunge und die Sinushaare, auch Tasthaare genannt. Sie befinden sich um die Lippen, Nasenöffnungen und um die Augen; sie sind hochspezialisiert für den Tastsinn und beim Beutefang im Dunkeln

von großer Bedeutung. Auch im Bereich der Sohlenballen besteht ein ausgeprägter Tastsinn.
Niemals sollte man die Haare an der Kehlgangswarze, die an beiden Seiten des Unterkiefers entstehen können, entfernen, da sie zum Tasten gewachsen sind.

## Zeitsinn

Hundebesitzer, die jeden Tag zur selben Zeit nach Hause kommen, können vielfach feststellen, daß ihr Hund sie erwartet. Bereits kurz vorher bezieht der Hund seinen Warteposten und wird unruhig, wenn das Programm verschoben ist. Doch selbst das Wochenende, das einen anderen Zeitablauf hat, nimmt der Hund wahr.
Auch Hunde, die ihre Betreuer oder Kinder von der Schule von einem bestimmten Platz zu einer bestimmten Zeit abholen, sind pünktlich dort und warten.
Man nimmt an, daß dieser Zeitsinn auf dem Zustand der inneren Organe beruht. Nach Untersuchungen des Tierforschers Bünnings werden diese Veränderungen wiederum von den einzelnen Bestandteilen der Zelle gesteuert, die zusammen ein »inneres Ohr« bilden, das synchron mit dem großen Rhythmus der Natur läuft. Bei den meisten Wildtieren werden die Zeitsignale der Sonne mit den Augen aufgefangen und an das Gehirn weitergeleitet. Setzt man Wirbeltieren eine Maske auf, die die Augen lichtdicht abschließt, dann funktioniert dieser synchronisierte Mechanismus nicht mehr. Dasselbe gilt für den Hund, wenn er sich in einem Raum befindet, in dem es fortwährend hell ist.

## Der sechste Sinn

Gibt es denn überhaupt bei den Tieren einen sechsten Sinn oder gar übersinnliche Kräfte?
Da man nicht genau weiß, in welchem Maße der Mensch früher selbst einmal die hohe Qualität des Wahrnehmens besessen und im Laufe der Degeneration verloren hat, ist diese Frage kaum zu beantworten. Es gibt noch Naturvölker — Nomadenstämme —, deren Wahrnehmungsvermögen für Naturereignisse ungetrübt ist, da die Kultur noch keinen Einlaß in ihr Leben gefunden hat.

Beschrieben wird immer wieder, daß Hunde, Hunderte von Kilometen von zu Hause entfernt freigekommen, zurückgefunden haben. Ebenfalls ahnen Tiere Naturkatastrophen voraus und geben diese Ahnung an den Menschen weiter. Irrtümer über diese Fähigkeiten sind gerade beim Hund und bei der Katze nahezu ausgeschlossen.
Als im Jahre 1908 Messina durch ein Erdbeben fast völlig zerstört wurde und 80000 Menschen dieser Katastrophe zum Opfer fielen, kamen kaum Hunde und Katzen dabei um. Sechs Stunden vor dem Unheil verließen die Hunde und Katzen diesen Platz und wanderten küstenwärts, ehe der Vulkan ausbrach. Nach Ende der ersten Eruption wanderten sie in die zerstörte Stadt zurück. Sie verließen sie aber noch in der gleichen Nacht, da der Vulkan in der Nacht aufs neue ausbrach. Am anderen Morgen kamen sie wieder zurück und suchten in den Trümmern nach ihren Lagern und den Menschen ihres Verbundes.
Die Hunde des St. Bernhard haben den Niedergang einer Lawine »übereinstimmend« vorausgefühlt und Menschen dadurch gerettet.
Wie zwischen Menschen kann eine telepathische Verbindung zwischen Herr und Lieblingstier bestehen, besonders in Gefahrenzeiten.
Vom sechsten Sinn bis zur Übersinnlichkeit ist es kein weiter Weg. Man spricht davon, daß Hunde ein »Gesicht« haben und »hellsehen« können.

# Pflege des Mischlings

Die Aufmerksamkeit, Fürsorge und Pflege steht dem Vierbeiner in demselben Maße zu wie dem Menschen. Gute Hundehaltung ist mit regelmäßiger Pflege des Tieres untrennbar verbunden. Das aus dem Pferdesport stammende Sprichwort »Gut geputzt ist halb gefüttert« sollte man für den Hund ergänzen »Gut gefüttert ist ein Teil der Pflege«. Allerdings kennt man auch Hunde, besonders außerhalb im Landgebiet lebende, die keine oder nur geringe Pflege haben, dennoch glücklich und gesund sind. Der Stadthund lebt allerdings unter anderen Bedingungen, und je sauberer das Tier, um so angenehmer ist die Hausgemeinschaft mit ihm. Ein Hund braucht nicht zu riechen, doch keinesfalls sollte er nach Parfum duften.
Auch der Hund verfügt in unserem Haus über seinen eigenen kleinen »Haushalt«: Kochtopf, Freß- und Trinknäpfe, die peinlich saubergehalten werden müssen, eigene Handtücher und eventuell Bezüge für das Lager oder Fellunterlagen; Körbchen oder Kiste, außerdem bei kleineren Rassen den Reisekorb. Geräte zum Säubern und Kämmen, Zangen für die Krallen, Bürsten. Halsbänder und Leinen in mehreren Ausführungen, Maulkorb und etwas ganz Wichtiges für die Erste Hilfe: die »Hundeapotheke«, die eventuell der Tierarzt sorgsam zusammenstellt und die von Fall zu Fall wieder ergänzt wird.

## Wann muß der Hund gebadet werden?

Grundsätzlich braucht der Hund nicht gebadet werden. Müssen wir es aber trotzdem tun, weil er sich irgendwo in übelriechenden Pfützen gewälzt hat, dann gibt es spezielle Hundeshampoos oder das Tierschaumbad, die fürs Hundefell geeignet sind. Für weniger schlimme Fälle kann man auch ein Trockenshampoo verwenden. Wenn aber gebadet werden muß, dann ist darauf zu achten, daß der Hund hinterher sorgfältig trockengerieben wird. Während der Trockenzeit sollte er keinesfalls in zugigen Räumen liegen. Ein im Freien vorgenommenes

Vollbad ist nicht mit dem Wannenbad zu vergleichen. Hier läuft er sich schüttelnd und durch seine Bewegungen trocken.
Fellarten, wie beispielsweise die des Pudels, werden nach dem Bad tüchtig trockengerubbelt. Durch anschließendes Trockenfönen bei gleichzeitigem Auskämmen wird die duftige Fülle des lockigen Haars erreicht.

## Körperpflege des Mischlings

Regelmäßige Pflege des Haarkleides ist für jede Zufallsart des Mischlings notwendig. Sie ist auch wichtig für die Haut. Es wird dadurch erreicht, daß abgestorbenes Haar aus dem Hundefell entfernt wird. Außerdem hält es auch die Räume sauberer, in denen sich der Hund aufhält. Die Durchblutung der Haut wird angeregt, und das Haarkleid bekommt einen schönen Glanz.
In der Regel verwendet man zur Pflege die Bürste und den Hundekamm. Hier sollte man bei der Beschaffung der Gegenstände in einschlägigen Hundesalons sich beraten lassen, wenn wir nicht genau wissen, welches Haarkleid der Mischling trägt.

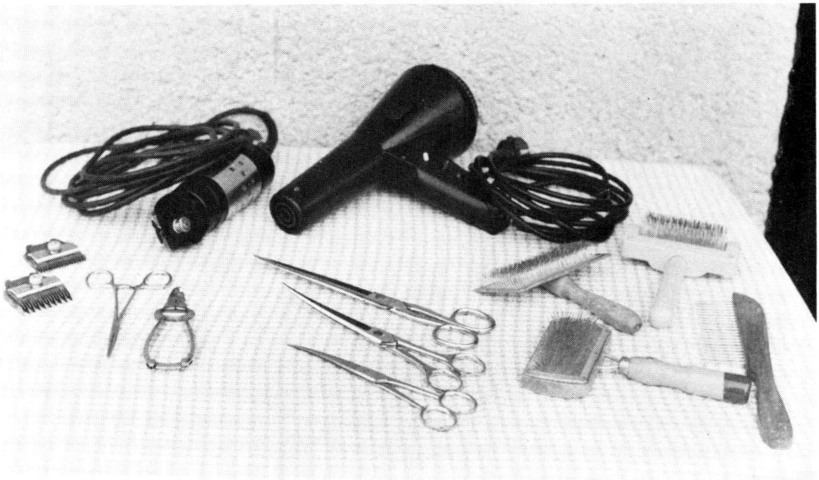

*Gegenstände, die bei der umsichtigen Pflege der Hunde nötig und nützlich sind*

Hat der Hund ein Fell, das dem des Pudels ähnelt oder vergleichbar lockig ist, dann empfiehlt sich ein vielseitiges Pflegeset (siehe Bild Seite 63).
Für kurzhaariges Fell genügt eine Bürste mit harten, kurzen Naturborsten. Auch hier ist ein Kamm mit weit auseinanderstehenden, stark abgerundeten Zinken zu empfehlen. Spitze Zinken können die Haut verletzen, so daß sich Ekzeme bilden können.
Sollten wir es aber mit einem Fell zu tun haben, das beispielsweise Spaniels oder Setter tragen, dann eignen sich dafür Gummi-Noppen-Bürsten, Bürsten aus langem Naturhaar und Kämme mit unterschiedlich eng angeordneten Zähnen.
Hat er die Form von Cockerohren oder ähnliche, dann sollte man die Behänge mit einem Kamm, der weit auseinanderstehende Zähne hat, pflegen; es würde den Tieren sonst nur unnötige Qualen verursachen.
Hat er aber ein Fell, das den Rassen der Schnauzer, Airedaleterriern und ähnlichen Hunden gleichkommt, dann sind harte Bürste und ein starker Kamm zu verwenden.

## Haarkleid — Fellformen

Das Haarkleid des Hundes hat sich infolge der Domestikation verändert. Es unterscheidet sich heute sowohl in der Beschaffenheit als auch in der Farbe.

**Stockhaarig:** mittellange, schlichte, nur leicht gekrümmte derbe Deckhaare mit dichter Unterwolle.

**Kurzstockhaarig:** dichtliegende 3 bis 4 cm lange Grannen mit spärlicher Unterwolle.

**Langstockhaarig:** 5 bis 10 cm lange, schlichte oder leicht gewellte Deckhaare und reichlich Unterwolle.

Dazwischen gibt es diverse Übergänge. Überwuchern die Wollhaare die Deckhaare, kommt es zur Bildung eines dichten, oft gestapelten Haarfilzes (Hirtenhundarten).
Verlängern sich die Deckhaare, entwickelt sich aus dem Langstockhaar das dichte, schlichte oder leicht gewellt fallende Langhaar mit reichlicher Unterwolle, wie es Neufundländer-Arten aufweisen.

Beim Verlieren der Unterwolle werden die langen Deckhaare weich und dünn, und das locker fallende Langhaar entwickelt sich seidenweich (Grannen-Seidenhaar), Arten Setter, Spaniel, Yorkshire.
Lange, derbere und steif von der Haut abstehende Haare bei Polar- und Spitzhundarten.
Wenn sich die zarten, stets gewellten Woll- und Grannenhaare vermehren, bildet sich das weiche Wellhaar oder, bei mehrspiraliger Drehung des Haarschaftes, das Kraushaar, das zur Verfilzung neigt, da bei starker Kräuselung spiralige Lockensträhnen, sogenannte Schnüre, oder, bei geringerer Kräuselung und dichter Behaarung, lange, zottige Haarsträhnen entstehen, das nennt man Zotthaar (Bobtail-Arten).
Legen sich Deckhaare nicht in gleicher Richtung, sondern stehen sie mehr oder weniger von der Oberfläche ab, spricht man von einem luftigen oder offenen Haarkleid. Offenes Haar, dessen Spitzen infolge verschiedener Wuchsrichtung oder wechselnder Krümmung nicht gleichgerichtet sind, wird als Rauh- oder Wirrhaar bezeichnet.
Unter **Strupphaar** versteht man eine Mischung von Stockhaar und Wirrhaar.
Hartes, rauhes, mittellanges **Wirrhaar** nennt man auch **Stichelhaar,** während ein kurzes Stockhaar von größerer Härte **Drahthaar** genannt wird.
Die Bezeichnungen Kurz- und Glatthaar sind zumeist als gleichbedeutend zu verstehen, können aber trotzdem Varietäten umschreiben.

## Pfoten

Die Pfoten sind für das Lauftier Hund außerordentlich wichtig. Unterschiedliche Formen nach Art und Größe des Hundes sind:

fesselweich = Hasenpfote,
geschlossen = Katzenpfote.

Bei großen Rassen unterscheidet man noch Bärenpfoten, bei sehr kleinen Hunden unterentwickelte, verkümmerte Pfoten sowie gut geschlossene bis ziemlich breite Pfoten. Die Zehen sind entweder gerade oder ziemlich gekrümmt. Die Pfoten müssen sich bei einem gesunden Hund kräftig anfühlen. Zehen und Sohlenballen sind mit einer dicken Hornschicht versehen.

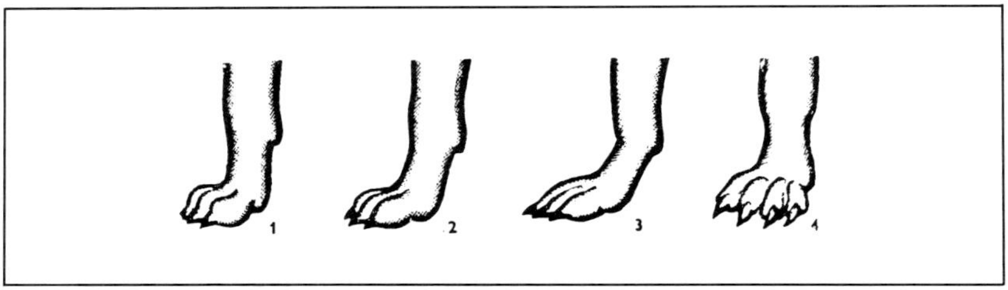


*Pfoten: 1 geschlossen (Katzenpfote), 2 löffelförmig, 3 fesselweich (Hasenpfote), 4 gespreizt, offen*

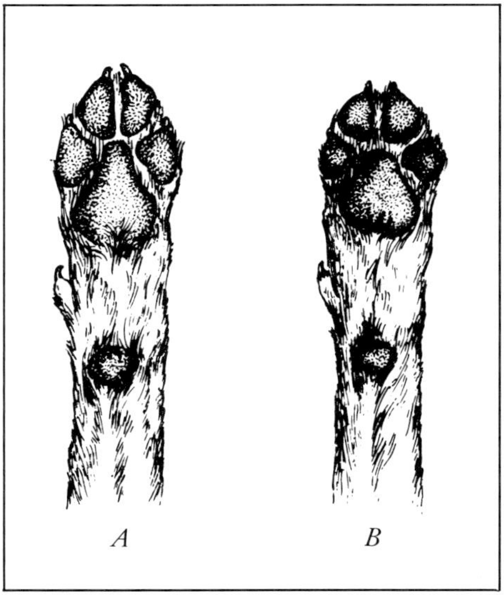


*Fußsohlen:*
*A Hasenfuß, B Katzenfuß*

Während jeder Haarbalg seine zur Entfettung der Haut und des Haarkleides wichtige Talgdrüse besitzt, kommen mehr oder weniger verkümmerte Schweißdrüsen an den Pfoten vor. Eine eigentliche Schweißabsonderung beim Hund erfolgt zwar auch in der Decke des Tieres, jedoch überwiegend an den Pfoten. Weil er unter diesen Umständen bei körperlicher Anstrengung oder psychischer Erregung nicht wie ein Mensch oder das Pferd schwitzen kann, verschafft er sich die nötige Abkühlung durch das charakteristische Hecheln.

Die **Ballen** sollte man, wenn sie rauh werden, gelegentlich mit Lebertransalbe einfetten. Teer nicht mit Terpentin, sondern mit der ungefährlichen Vaseline oder mit Pflanzenöl entfernen.

**Hartballen-Krankheit:** Die Symptome stimmen mit denen der klassischen Staupe überein. Deshalb muß der Tierarzt aufgesucht werden.

Wenn im Winter auf den Straßen das für Hundepfoten nicht verträgliche Streusalz liegt, sollten nach dem Spaziergang die Pfoten mit lauwarmem Wasser abgespült und eingefettet werden. Unterläßt man dies, können an den Pfoten schmerzhafte Entzündungen entstehen.

Afterzehe, Afterkralle, Hubertuskralle, oder Wolfskralle oder Wolfsklaue nennt man den rudimentären (verkümmerten) fünften Zeh der Hinterpfote. Er wird bei manchen Welpen festgestellt und gegebenenfalls tunlichst schon kurz nach der Geburt entfernt.

**Zehen:** Vorn drei bis fünf Zehen, hinten vier Zehen. Hinter- und Vorderpfoten stehen meist auf vier Zehen. Die Zehengelenke werden von den elastischen Zehen- und Sohlenballen umgeben; sie sind mit Krallen versehen, die der Hund nicht einziehen kann. Der Hund gehört zur Gruppe der schnellen und beweglichen Zehenläufer.

## Ohren und Ohrformen

Die bekanntesten Ohrformen sind: Stehohr, Klappohr, Behang und Rosenohr. Außerdem gibt es noch folgende Formen:

| | |
|---|---|
| Eselsohr: | großes, hoch angesetztes, stehendes Ohr, Spitze nach außen. |
| Hängeohr und Behang: | ein niedrig angesetztes Ohr mit Klappfalte und langem Ohrlappen. |
| Hasenohr: | großes, hochangesetztes Ohr, Punkt zeigt nach innen. |
| Kipp- und Wippohr: | hängendes Ohr, Ansatz breit und gerade Falte, Ohrlappen wird ein wenig aufgehoben. |
| Knopfohr: | kurz und mittellang, der hängende Teil ist v-förmig, Klappfalte liegt über der Schädeloberfläche. |
| Tulpenohr: | großer, straffer, hoch aufgerichteter Ohrlappen mit einer scharfen Spitze. |
| Lederohr: | zu dünn und zu wenig behaartes Ohr. |

*Ohr = Behang: 1 lang, breit, mit breitem Band, 2 niedrig angesetzt, spitz, 3 hoch angesetzt, spitz, 4 niedrig angesetzt, lang, mit schmalem Band, 5 hoch angesetzt, lang, mit breitem Band, 6 klein, stehend, spitz, 7 klein, leicht, 8 halb gestülpt, 9 kupiert*

Beim heftigen Schlag der Ohren an einen festen Gegenstand, zum Beispiel Tisch- oder Stuhlbein, kann leicht eines der zarten Blutgefäße platzen und das Blut unter die Haut strömen. Man sollte daher den Hund auch **nie** am Kopf schlagen. Es entsteht eine Blutblase am Ohr und wird »Blutohr« genannt. Das Ohr schwillt infolge des Blutergusses an, und der Hund muß schwere Schmerzen ertragen.
Blutohren kommen häufiger bei Hunden mit Schlappohren vor, weil beim Herumtollen ihre Ohren hochfliegen und sie dadurch Verletzungen ausgesetzt sind. Andere Ohrformen bleiben deswegen nicht verschont. Bei Beißereien und Unfällen besteht diese Gefahr ebenfalls. Das Blutohr sollte immer vom Tierarzt behandelt werden.

# Mischling als Gebrauchs- oder Leistungssporthund

Sind die Hunde zehn bis zwölf Monate alt, beginnt für diejenigen, die zu Dienstleistungen oder zur Jagd ausgebildet werden sollen, das Training. Man glaubt, daß die Zuverlässigkeit im Charakter des Hundes dann reif genug ist, doch sollte man nicht vergessen, daß der Hund erst nach dem zweiten Lebensjahr sich zu der »Persönlichkeit« entwickelt hat, die er auf Grund seiner Erbanlagen und der Umwelteinflüsse sein kann.
Vom dritten Lebensjahr an bleibt der Hund in immer stärkerem Maße seinen bisherigen Lebensgewohnheiten treu. Von nun an fällt es ihm immer

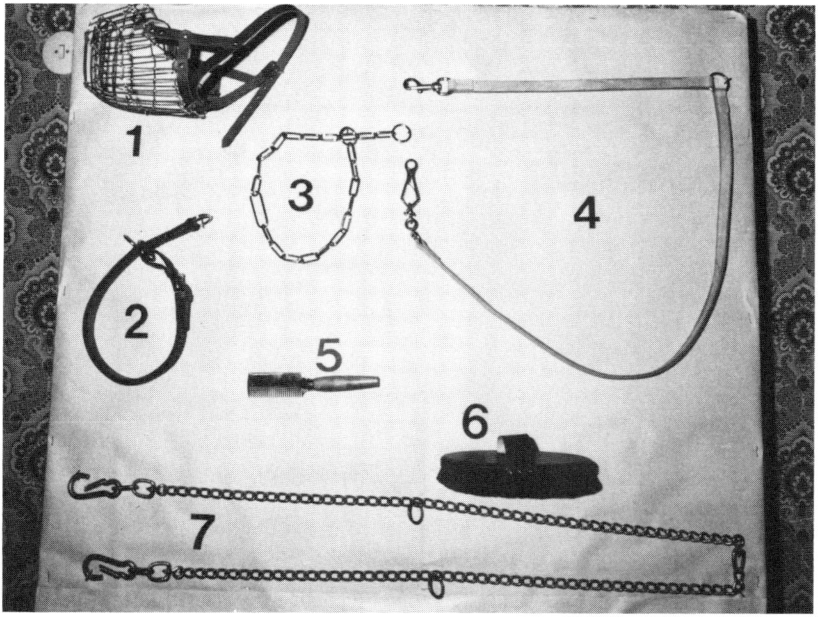


*Ausrüstung für einen mittleren oder größeren Hund: 1 Maulkorb, 2 Lederhalsband, 3 Kettenhalsband, 4 Führleine (Chromleder) zum Umhängen mit Zangen und Schiebekarabiner, 5 Kamm, 6 Bürste, 7 Zwingerkette mit drehbaren Karabinerhaken*

schwerer, sich im Falle eines Wechsels des Besitzers schnell an die neuen Verhältnisse zu gewöhnen. Es kommt dann schon vor, daß der neue Besitzer von einem bisher »lammfrommen« Hund gebissen wird, weil dieser ihn noch nicht als ranghöheren Partner anerkennt.

Mit dem Mischling können wir uns, wenn er dazu imstande ist, einem Verein anschließen, der Schutz- und Gebrauchshunde ausbildet oder in dem auch nur der Leistungssport betrieben wird. Wenn man an der Ausbildung nicht selbst teilnehmen will, kann sie ein Abrichtwart allein übernehmen. Besser ist es jedoch, sie auch mit zu üben, denn der Hund lernt hierbei schneller und einfacher, wenn sie nicht nur auf dem Ausbildungsgelände trainiert werden können.

Durch das gemeinsame Training wird dazu noch die persönliche Bindung zwischen Herr und Hund weiter gefestigt. Auch werden hierbei besondere charakterliche Eigenschaften beim Hund festgestellt. Hinzu kommt, daß die in unseren Städten lebenden Hunde dadurch mehr bewegt werden und dies für ihre Gesundheit sehr wichtig ist.

Je nach Veranlagung kann der Hund Mannarbeit verrichten, also Schutzhund werden. Gehorsamsübungen sind wertvoll; da wird über Hürden gesprungen, abgelegt, apportiert und gewartet, bis Herrchen wiederkommt oder ein Handzeichen zum Kommen gibt. Besonders gut ist für die Tiere auch die Gruppenarbeit.

Schutzhundprüfungen beinhalten folgendes:

Fährtenarbeit,

Unterordnung (Gehorsamsleistungen),

Schutzdienst (Mannarbeit am Scheintäter).

# Ernährung

Die wildlebenden Ahnen unseres Hundes waren Jäger. Sie verzehrten ihre Beute mit Haut und Haar. Bevorzugte Leckerbissen waren die Innereien. Magen und Darm ihrer Beutetiere enthielten auch vorverdaute Pflanzen und wichtige Vitamine. Wölfe und Wildhunde fraßen also nicht nur Fleisch. Genauer wäre die Bezeichnung »Tierfresser«. Aus Untersuchungen des Mageninhaltes wissen wir, daß darüber hinaus praktisch alles auf dem Speisezettel stand, was die Natur bot: Früchte, Samen und Gräser, Frösche und Schlangen, selbst Insekten wurden verzehrt. Nur so konnten der Hunger gestillt und genügend Vitamine und Mineralstoffe aufgenommen werden.

**Angemessene artgemäße Nahrung** hat der Hundehalter seinem Hund nach dem Tierschutzgesetz anzubieten. Unkenntnis und falsch verstandene Tierliebe können leicht zu Tierquälerei führen: Der Hund ist kein Resteverwerter. Mit Süßigkeiten ist ihm nicht gedient. Falsche Ernährung kann Fettsucht, innere Erkrankungen oder Hautkrankheiten verursachen. »Angemessen« ist nur eine gesund erhaltende Nahrung. Die Freßgewohnheiten der Wildtiere zeigen, wie das Futter zusammengesetzt sein muß:

**Fleisch** ist die Ernährungsgrundlage. Es enthält neben Salzen, Geschmacksstoffen und Vitaminen vor allem Eiweiß. Reines Muskelfleisch oder Herz kann ebenso wie ausschließlich minderwertige sehnige, häutige oder knorpelige Teile zu Verdauungsstörungen führen. »Artgemäß« ist eine aus leichter und schwerer verdaulichen Bestandteilen gemischte Fleischgrundlage. Dazu gehört auch tierisches Fett. Es dient als Energiequelle. Ungesättigte Fettsäuren sind zur Gesunderhaltung nötig. Sie sind vor allem in Pflanzenölen enthalten.

**Pflanzen** enthalten neben Eiweiß, Vitaminen und Mineralstoffen vor allem Stärke und Zucker. Diese Kohlehydrate liefern ebenfalls Energie. Wichtig sind die für den Hund unverdaulichen Rohfasern. Sie sättigen, füllen den Darm und sorgen dadurch für eine geregelte Verdauung. Rohkost ist kaum verdaulich. Die Energiequellen müssen durch vorherige Erhitzung »aufgeschlossen« werden.

Rohfaserarme Pflanzenkost wie gekochter Reis wird fast vollständig abgebaut. Für den gesunden Hund ist eine Ergänzung der Fleischgrundlage durch aufgeschlossene rohfaserhaltige Pflanzenkost das Richtige. Eine vielseitig zusammengesetzte Nahrung enthält auch Vitamine. Das sind Wirkstoffe, die für Stoffwechselprozesse wie Blutgerinnung, Nervenfunktion oder Infektabwehr benötigt werden, die der Körper jedoch selbst nicht produzieren kann. Mineralstoffe und Spurenelemente sind nicht nur für den Knochenbau, sondern auch für viele andere Stoffwechselprozesse unerläßlich.

## Eine Wissenschaft für sich?

Erhaltungs- und Leistungsbedarf, Nährwerttabellen, Kalorien und Joule, das ist schon eine Wissenschaft für sich — beflügelt durch die Futtermittelindustrie. Bei allem Respekt wundert sich der Praktiker, daß trotz Unkenntnis und Fehlern früherer Zeiten die Spezies Haushund nicht längst ausgestorben sind. Zum besseren Verständnis genügen folgende Überlegungen:
Der Körper des erwachsenen Hundes befindet sich in einem dauernden Umbau. Zur Erhaltung der Körpersubstanz sind daher Eiweißbausteine erforderlich, für die damit verbundenen Stoffwechselvorgänge Energielieferanten, Vitamine und Mineralstoffe. Das Futter soll in der Trockenmasse etwa ein Drittel Eiweiß, mindestens fünf Prozent Fett und höchstens die Hälfte Kohlehydrate enthalten.
Welpen und Junghunde brauchen für ihr Wachstum mehr Nahrung als gleich schwere erwachsene Hunde, bis zum sechsten Monat etwa doppelt so viel und dann immerhin noch fünfzig Prozent mehr. Ihr Futter soll zu zwei Dritteln, später mindestens zur Hälfte aus Fleisch und anderen Eiweißstoffen bestehen.
Diese Richtwerte gelten nur bei normaler Belastung. Besondere Leistungen erfordern eine Zulage. Als Fleischfresser kann der Hund zwar auch aus Eiweiß Energie gewinnen, die Ausbeute ist jedoch gering (und teuer). Zugelegt werden daher kohlehydrathaltige Futtermittel. Erhaltungs- und Leistungsbedarf sind praktisch nicht zu trennen. Bei Dauerarbeit kann bis zu viermal mehr Energie als bei Ruhe verbraucht werden.

## Die wichtigsten Grundregeln

**Die Futterration** kann nicht mit der Briefwaage abgemessen werden. Neben Alter und Leistung ist die individuelle Veranlagung des Hundes ausschlaggebend. Es gibt gute und schlechte Futterverwerter. Den normal veranlagten, durchschnittlich beanspruchten erwachsenen Hund kann man beispielsweise, wie in der Ernährungstabelle auf Seite 76 angegeben, füttern. Bei einem gesunden, gut ernährten Hund sollen die Rippen optisch nicht hervortreten, mit der flachen Hand aber noch fühlbar sein. So kann man »erfühlen«, ob etwas Futter zugelegt oder abgezogen werden muß.

**Junghunde** können die tägliche Futtermenge unmöglich auf einmal aufnehmen. Eine Magenüberladung wäre die Folge. Knochen, Bänder und Gelenke würden zu stark belastet und bleibende Schäden davontragen. Immerhin braucht ein halberwachsener Hund je nach Gewicht (Tabelle Seite 75) genausoviel Futter wie sein ausgewachsener Artgenosse. Die Ernährung der Welpen erfolgt zunächst genauso, wie der ehemalige Besitzer es gehandhabt hat. Umstellungsbedingte Verdauungsstörungen werden so vermieden. Dem Welpen wird die Eingewöhnung erleichtert. Bis zum Abschluß des Zahnwechsels mit etwa sechs Monaten erhält der Junghund täglich drei, später bis zum Abschluß des Wachstums mit etwa eineinhalb Jahren zwei Mahlzeiten täglich. Der Junghund darf zunächst noch etwas »Babyspeck« haben. Er hilft, Krankheiten besser zu überstehen. Mangelernährung in der Jugend ist kaum wieder gut zu machen. Fresser werden nicht geboren, sondern erzogen: Der erwachsene Hund erhält täglich eine Mahlzeit (siehe auch Seite 41). Was in einer Viertelstunde nicht aufgefressen ist, gehört in den Mülleimer. Wichtig ist eine regelmäßige feste Futterzeit, weniger wichtig, ob dies morgens, mittags oder abends ist. Stets soll jedoch der Hund nach dem Fressen ruhen, so wie es auch Wildtiere nach ergiebigem Mahl zu tun pflegen. Bei »Sport und Spiel« besteht die Gefahr, daß sich ein gefüllter Magen verdreht — eine lebensgefährliche Situation.

Das Futter soll vielseitig sein, damit es alle benötigten Nährstoffe enthält. Der Hund braucht aber keine Geschmacksabwechslung. Er kann durchaus dauernd das gleiche Futter erhalten, wenn dies optimal zusammengesetzt ist.

 *Mischling bei der Ausbildung und Prüfung als »Schutzhund«*

**Ernährungsplan für Welpen**

* Bei mittleren Hundearten, erwachsen 13 bis 14 kg, die beispielsweise dem Spaniel, Pudel oder Mittelschnauzer ähneln.

In der Wachstumsphase, der wichtigsten Zeit für die gesunde Entwicklung eines Hundes, ist sein Energie- und Nährstoffbedarf — bezogen auf das Körpergewicht — doppelt so hoch wie beim erwachsenen Hund. Bei der Ernährung des Welpen muß hierauf besonders Rücksicht genommen werden.
Eine ganz speziell für junge Hunde gedachte Vollnahrung ist Pal für Welpen, die in fünfjähriger intensiver Forschungsarbeit und Erprobung entwickelt wurde.

| Alter | Fütterungen pro Tag | Gewicht in kg | Energiebedarf Kilojoule pro Tag | Pal für Welpen Futtermenge pro Tag |
|---|---|---|---|---|
| 5. bis 6. Woche | 5 | 2 bis 3 | 1930<br>2600 | 390 g<br>530 g |
| 7. bis 8. Woche | 4 | 3 bis 4 | 2600<br>3200 | 530 g<br>650 g |
| 3. Monat | 3 bis 4 | 4 bis 5 | 3200<br>3800 | 650 g<br>770 g |
| 4. Monat | 2 bis 3 | 6,5 | 4620 | 1 kg |
| 5. Monat | 2 | 8,5 | 5670 | 1,2 kg |

* Kleine Arten,die beispielsweise dem Dackel, Zwergpudel, Pinscher ähneln: Hier nehmen Sie etwa die Hälfte der angegebenen Kilojoule.
Große Arten, die beispielsweise dem Boxer, Schäferhund, Collie ähneln: Bitte die doppelte Menge füttern.

Welpen saugen in der Regel vier bis sechs Wochen. Sollte die Muttermilch der Hündin nicht mehr ausreichen (Welpen wimmern dann und sind apathisch), müssen schon in dieser Zeit Haferschleim, klare Fleischsuppe oder Haferschleim und Milch oder am besten Pal für Welpen zugefüttert werden.

**Ernährung ausgewachsener Hunde**

**Fütterung pro Tag**

| Gewicht<br>kg | kJoule-bedarf pro Tag ca. | Cesar<br>ca. g | Pal<br>ca. g | Chappi<br>ca. g | Frolic<br>ca. g | Hap<br>ca. g | Trim<br>ca. g |
|---|---|---|---|---|---|---|---|
| 4 | 1550 | 200 | 400 | 380 | 100 | 120 | 100 |
| 7 | 2350 | 320 | 600 | 570 | 160 | 175 | 160 |
| 10 | 3100 | 430 | 800 | 750 | 200 | 230 | 200 |
| 17 | 4600 | 640 | 1200 | 1100 | 300 | 340 | 300 |
| 25 | 6200 | 850 | 1600 | 1500 | 420 | 460 | 420 |
| 30 | 7100 | 1000 | 1800 | 1700 | 480 | 530 | 480 |
| 40 | 8800 | 1200 | 2200 | 2150 | 600 | 650 | 600 |

## Fertigfutter — sicher, bequem und preiswert

Die Vorurteile gegen Fertigfutter sind überholt. Es entspricht in Eiweißanteil und sonstigen Inhaltsstoffen den wissenschaftlichen Erkenntnissen. Durch moderne Konservierungsverfahren werden Vitamine

weniger geschädigt als durch haushaltsübliches Kochen. Krankheitserreger im Fleisch werden bei der Herstellung abgetötet. Ein weiterer Vorteil ist die praktische Vorratshaltung. Auf Reisen ist Fertigfutter die einfachste Futterlösung. Es ist nicht teurer als selbst zubereitetes Futter. Gegen Fertigfutter gibt es eigentlich nur einen Einwand: Artgemäßerweise frißt der Hund Rohes, nicht aber Gekochtes.
**Dosenfutter** enthält reichlich Eiweiß. Das Etikett muß genau gelesen werden: »Vollnahrung« enthält bereits pflanzliche Futtermittel und ist futterfertig. Zu »Fleischnahrung« müssen noch Flocken, Reis oder Gemüse zugemischt werden. Als vermeintlicher Nachteil werden vielfach die großen Kotmengen nach Verfütterung von Dosenfutter empfunden. Sie sind Folge des Rohfaseranteils und der damit verbundenen guten Darmfüllung. Geschwächte kranke Hunde reagieren bei plötzlicher Umstellung auf Dosenfutter gelegentlich mit Durchfall.

*Auch ein Mischlingshund*

**Energieverbrauch erwachsener Hunde**

| | | | | |
|---|---|---|---|---|
| ein Hund | von 2,5 kg | braucht pro Tag | ca. | 1 100 Kilojoule |
| ein Hund | von 5 kg | braucht pro Tag | ca. | 1 850 Kilojoule |
| ein Hund | von 7,5 kg | braucht pro Tag | ca. | 2 500 Kilojoule |
| ein Hund | von 10 kg | braucht pro Tag | ca. | 3 100 Kilojoule |
| ein Hund | von 15 kg | braucht pro Tag | ca. | 4 200 Kilojoule |
| ein Hund | von 20 kg | braucht pro Tag | ca. | 5 250 Kilojoule |
| ein Hund | von 25 kg | braucht pro Tag | ca. | 6 200 Kilojoule |
| ein Hund | von 30 kg | braucht pro Tag | ca. | 7 100 Kilojoule |
| ein Hund | von 40 kg | braucht pro Tag | ca. | 8 800 Kilojoule |
| ein Hund | von 50 kg | braucht pro Tag | ca. | 10 400 Kilojoule |

**Energie in Fertignahrung**

| | | | |
|---|---|---|---|
| 1 Dose Cesar | von 195 g Inhalt | enthält | 720 kJoule |
| 1 Dose Pal | von 400 g Inhalt | enthält | 1.550 kJoule |
| 1 Dose Pal | von 820 g Inhalt | enthält | 3.100 kJoule |
| 1 Dose Pal | von 1240 g Inhalt | enthält | 4.685 kJoule |
| 1 Dose Loyal | von 820 g Inhalt | enthält | 3.700 kJoule |
| 1 Paket Hap | von 600 g Inhalt | enthält | 8.040 kJoule |
| 1 Paket Frolic | von 500 g Inhalt | enthält | 7.300 kJoule |
| 1 Paket Trim | von 1000 g Inhalt | enthält | 14.700 kJoule |
| 1 Dose Chappi | von 415 g Inhalt | enthält | 1.700 kJoule |
| 1 Dose Chappi | von 830 g Inhalt | enthält | 3.400 kJoule |
| 1 Dose Chappi | von 1260 g Inhalt | enthält | 5.100 kJoule |
| 1 Dose Chappi | von 1660 g Inhalt | enthält | 6.800 kJoule |

*Häufig nur mittelgroß sind die Mischlinge, meist anhänglich und gelehrig; hier ein »typischer« Vertreter*

**Fertigfuttermischungen** aus Trockenfleisch und Nährmitteln werden mit warmem Wasser oder Brühe dickbreiig angerührt — eine unproblematische Futterzubereitung.

**Trockenfutter** in Keks- oder Ringform und Hundekuchen werden trocken verfüttert. Sie enthalten fünfmal weniger Wasser als normal feuchtes Futter. In einem Extranapf muß daher unbedingt Wasser angeboten werden. 200 g Trockenfutter haben etwa den gleichen Nährwert wie eine 850-g-Dose Vollnahrung oder 400 g Fleisch und 125 g Flocken. Zusätzliche »Leckerlis« sind Dickmacher!

Fertigfutter ist nach dem Bedarf erwachsener Hunde zusammengestellt. Es enthält mit Ausnahme speziellen Welpen-Dosenfutters zuwenig Eiweiß für den wachsenden Hund. Trockenfutter hat meist einen niedrigeren Eiweißgehalt als Dosenfutter. Junghunde müssen daher eine Eiweiß-Zulage erhalten, zum Beispiel eine Fleischmahlzeit oder Zumischung von Fleisch oder Fleisch-Fertignahrung. Fertigfuttermischungen können auch mit Milch angerührt werden.

## Eigener Herd...

Schwieriger ist es, seinen Hund mit selbst zubereitetem Futter zu ernähren. Man muß dazu einiges über Wert und Eigenschaften der Futtermittel wissen.

**Fleisch** ist teuer; Rinderpansen und Blättermagen, Herz, Fleischabschnitte, Maulfleisch, Leberabschnitte, Schlund, Milz und Nieren sind ein fast vollwertiger Ersatz. Euter, Lunge und »Schweineringel« sind nur bedingt und in kleinen Mengen geeignet. Besonders wertvoll ist »grüner« Pansen, ein roher, ungereinigter Rindermagen: Die Futterreste sind bereits vorverdaut und enthalten Vitamine, die aus dem Pflanzenfutter stammen oder im Pansen gebildet wurden. Haltbarer und weniger duftend ist der gereinigte und gebrühte »weiße Pansen«. Rohe Leber und rohe Milz haben eine abführende Wirkung und dürfen daher — je nach Kotbeschaffenheit — nur in kleinen Mengen zugegeben werden. Geflügelinnereien sollten stets gekocht werden, weil sie Durchfallerreger (Salmonellen) enthalten können. Die Fleischgrundlage sollte stets aus verschiedenen Bestandteilen bestehen. Bei einseitiger Zusammensetzung, zum Beispiel ausschließlich Pansen, können Eiweißbausteine fehlen, die der Hund braucht.

*Leinenführigkeit ist bei einem Stadtbummel unbedingt erforderlich und muß ganz konsequent eingeübt werden*

**Andere Eiweißquellen** können das Futter vervollständigen. Hunde mit gesunder Leber und gesunden Nieren dürfen gelegentlich unverdorbenen Fisch, frei von harten Gräten, fressen. Junghunde bis zum sechsten Monat können täglich eine mit Milch hergestellte Mahlzeit erhalten. Bei älteren Junghunden muß Kuhmilch verdünnt werden. Erwachsene Hunde erhalten — wie in der Natur — keine Milch. Sie können den Milchzucker nicht verdauen. Der Darminhalt wird dadurch zu weich. Hauterkrankungen können die Folge sein. Besser als Kuhmilch sind

Welpenmilch-Präparate, die auch von älteren Hunden vertragen werden. Auch rohes Eiklar kann der Hund nicht richtig verdauen. Rohes Eigelb ist dagegen vor allem für junge und kranke Hunde gesund und bekömmlich. Gekochte und gebratene Eier verträgt jeder Hund. Viele Hunde mögen auch Magerquark — eine wertvolle Ergänzung hochwertigen Eiweißes, besonders für Junghunde. Käse ist entgegen alten Vorurteilen nicht schädlich. Käserinden, Wurstpellen, Geräuchertes und Gewürztes gehören nicht in den Hundenapf.

Einkaufsmöglichkeiten für Futterfleisch bieten Hundefutterhandlungen und Fleischereien sowie Zoogeschäfte und Supermärkte. Frisches Futterfleisch ist leicht verderblich und sollte auch bei Kühlung nicht länger als zwei Tage aufbewahrt werden, gekochtes hält sich ein bis zwei Tage länger. In der Gefriertruhe kann man Fleisch etwa drei Monate aufbewahren, zweckmäßigerweise in dicht schließenden Plastikbeuteln portionsweise verpackt.

**Die Zubereitung** des Futters erfordert nur geringen Aufwand. Da der Hund sein Futter nicht kaut, sondern schlingt, wird das Fleisch in maulgerechte Happen geschnitten, aber nicht wie Hackfleisch zerkleinert. Viele Hundefutterhändler nehmen dem Käufer diese Arbeit ab. Das frische oder aufgetaute Fleisch wird mit heißem Wasser angebrüht. So bleibt es innen roh, wird aber leicht erwärmt. Eiskaltes Futter ist Gift für den Hundemagen.

Als pflanzliche Ergänzung können gekochte Haferflocken, Graupen oder Reis zugegeben werden. Einfacher geht es mit »Hundeflocken«, einem Gemisch getoasteter und daher verdaulicher Getreideerzeugnisse mit ausreichendem Rohfasergehalt. Zwei Maß Flocken werden einem Maß Fleisch mit warmem Wasser zugemischt. Das Futter soll dickbreiig, nie suppig sein. Junghunde erhalten Flocken und Fleisch zu gleichen Raumteilen. Von Fall zu Fall sollen die Flocken ganz oder teilweise durch Gemüse ersetzt werden, das mit einer Gabel zerdrückt wird. Es schadet nichts, wenn Essensreste leicht gesalzen sind. Der Hund braucht Kochsalz für eine einwandfreie Nierentätigkeit. Hülsenfrüchte und Kohl gehören allerdings nicht ins Hundefutter. Sie sind schwer verdaulich und verursachen Blähungen.

**Rohkost,** insbesondere fein zerkleinerte Möhren und Äpfel, sind eine sättigende und vitaminreiche Futterergänzung. Auch gehackte Petersilie oder Kresse und frische Obst- und Gemüsesäfte vervollständigen das Vitaminangebot.

*Zufallsergebnis einer unbeabsichtigten Paarung, aber nicht weniger liebenswert und treu*

Zur Versorgung mit ungesättigten Fettsäuren — wichtig zum Beispiel für Haut und Haar — kann dem Futter einmal wöchentlich ein Teelöffel Pflanzenöl zugesetzt werden. Auch eine Scheibe Brot mit Pflanzenmargarine ist eine vorzügliche Ergänzung, insbesondere gut durchgebackenes Roggenbrot. Brot soll aber nie eingeweicht werden.

**Für den Junghund** ist eine ausreichende Vitamin D-Versorgung zur Verhütung der Knochenweiche (Rachitis) besonders wichtig. Überdosierungen sind aber schädlich. Anstelle des Lebertrans sollten daher genau dosierbare Vitamin D-Präparate nach tierärztlicher Verordnung gegeben werden. Bierhefe — Bestandteil vieler Hundeflocken — enthält auch B-Vitamine. Für den jungen Hund ist die Zufütterung von »Futterkalk« für Wachstum und Knochenbau unerläßlich. Aber auch der erwachsene Hund braucht eine Mineralstoffergänzung, weil selbst zubereitetes Futter nicht alle Stoffe in ausreichender Menge enthält. Speziell für den Bedarf des Hundes zusammengestellte Mittel sind besser und billiger als Kalktabletten für Menschen.

**Knochen** enthalten Mineralstoffe, sind aber schwer verdaulich und können hartnäckige Verstopfungen verursachen. Ihr Wert liegt vor allem in der Gebißpflege und der »Gymnastik« für die Kaumuskulatur. In Maßen können daher Hunde mit gesunden Zähnen Kalbs- oder Rinderknochen erhalten. Hundekuchen oder Kauknochen aus Leder erfüllen allerdings den gleichen Zweck. Ältere Tiere mit Verdauungsproblemen oder Zahnkrankheiten müssen auf Knochen verzichten. Harte Röhrenknochen, vor allem vom Geflügel, können splittern und Darmverletzungen verursachen. Kotelettknochen können in der Speiseröhre steckenbleiben. Sie gehören in den Mülleimer.

**Fastentage** müssen wildlebende Fleischfresser oft einlegen. Für Hunde mit Übergewicht ist ein Fastentag in der Woche ein probates Mittel zum Abnehmen. An den übrigen Tagen darf er sich einmal täglich sattfressen. Seine fettarme Fleischgrundlage wird allerdings mit nährstoffarmer Lunge gestreckt, und statt der Flocken erhält er Weizenkleie und Rohkost. Einfacher, aber teurer, ist ein Diät-Fertigfutter, das über Tierärzte bezogen werden kann.

**Wasser,** immer frisch und sauber, nie eiskalt, muß dem Hund ständig zur Verfügung stehen. Ein gesunder Hund trinkt zwar bei normal feuchtem Futter kaum, muß aber doch bei Hitze, nach Anstrengungen oder zu bestimmtem Futter seinen Durst löschen können. Ständig stark vermehrter Durst ohne erkennbaren Grund ist ein Krankheitszeichen.

## Patentrezepte

Trotz aller Erfahrung und wissenschaftlicher Akribie gibt es gottlob viele Möglichkeiten, seinen Hund artgemäß und ausreichend zu ernähren. Man muß nur die angeführten Ernährungsregeln mit Verständnis beachten — sei es mit Fertigfutter, sei es mit einem eigenen, auf Haushalt, Hund und Geldbeutel abgestellten Spezialrezept, sei es auch mit beidem.

# Gesundheit

## Vorbeugen ist besser als heilen

Artgerechte Haltung, Pflege und Ernährung sind Voraussetzungen für die Gesundheit. Das seelische Wohlbefinden des Hundes ist so wichtig wie das körperliche. Der gesunde Hund nimmt aufmerksam und lebhaft Anteil an seiner Umgebung. Er ist kräftig und ausdauernd. In der Ruhe atmet er 10- bis 20mal, das Herz schlägt 70- bis 100mal in der Minute. Die Körpertemperatur liegt um 38,5°C. Gesundheit ist mehr als »Freisein von Krankheiten«, sie schließt Widerstand gegen Infektionen ein.

*Sehr beliebt, das Spiel mit dem Ball*

*In Australien nennt man ihn einen Schäferhund. Er ist mit dem Koala-Bärchen auf seinem Rücken befreundet*

**Haarkleid und Haut** sind nicht nur Schutz gegen die Unbill des Wetters. Stumpfes Haar und Haarausfall, unabhängig vom normalen Haarwechsel, deuten auf innere Krankheiten hin. Die Haut soll frei von Schuppen und Rötungen sein, kein Juckreiz plagt den Hund.

**Flöhe, Läuse und Haarlinge** kann auch der gepflegteste Hund von einer Hundebegegnung mitbringen. Bei Juckreiz wird als erstes die Haut auf Flohstiche — bis zu linsengroße, geschwollene Rötungen — und das Fell auf Parasitenkot — kleine schwarze Pünktchen — abgesucht. Lieblingssitze der ungebetenen Gäste sind die Innenflächen der Hinterbeine, die

»Achselhöhlen« und die Ohrmuscheln. Bei leichtem Befall genügt ein Flohpuder oder -spray. Am wirksamsten sind Waschlösungen, die das Fell bis auf die Haut benetzen. Das Ablecken dieser Mittel muß verhindert werden. Sie können Vergiftungen auslösen. »Anti-Floh-Halsbänder« geben bis zu drei Monaten einen Insekten tötenden Wirkstoff ab. In engen Räumen wie Hundehütten können aber Giftgaskonzentrationen auftreten, die auch für den Hund bedenklich sind. Die »Dauerbehandlung« mit einem Halsband ist nur bei besonders empfänglichen und gefährdeten Hunden erforderlich.

**Zecken** lassen sich aus dem Gebüsch auf den Hund fallen, beißen sich in der Haut fest und saugen sich mit Blut voll. Sie sehen dann wie prallgefüllte graubraune bis zu kirschkerngroße Säckchen aus. Zecken dürfen nicht einfach ausgerissen werden. Dabei können die Beißwerkzeuge in der Haut steckenbleiben und zu Entzündungen führen. Man betäubt die Zecke mit Alkohol oder hüllt sie mit Öl ein und wartet etwa zehn Minuten. Am sichersten wirkt ein Spraystoß mit einem insektiziden »Desinsektspray«. Die betäubte oder tote Zecke wird vorsichtig aus der Haut herausgedreht.

**Die Ohren** sollten alle vier Wochen gereinigt werden. Mit Wattestäbchen kann man das Trommelfell zwar kaum verletzen, das Ohrenschmalz aber in der Tiefe zusammenstopfen. Besser ist ein alkoholischer Ohrreiniger, der randvoll ins Ohr eingegossen und bei zugedrückter Ohrmuschel durchmassiert wird. Das gelöste Ohrschmalz kann der Hund dann selbst ausschütteln, vorzugsweise im Freien. Dunkle, übelriechende Beläge im Ohr zeigen eine Entzündung an. Meist wird der Hund dann auch am Ohr oder — scheinbar — am Halsband kratzen und den Kopf schütteln. Ursache des »Ohrenzwanges« können Ohrenmilben,

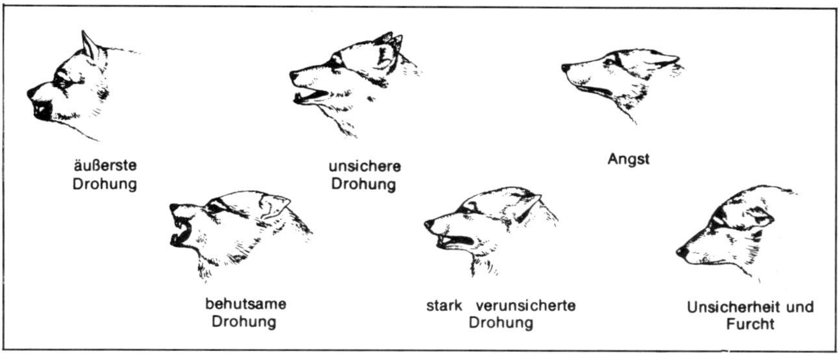

Grasgrannen oder andere Fremdkörper sowie Bakterien und Pilze sein. Wenn zwei- bis dreimalige gründliche Reinigung mit dem Ohrreiniger keine Besserung bringt, ist eine gezielte Behandlung erforderlich.

**Die Augen** werden mit einem Stückchen Mullbinde oder einem Taschentuch vom »Schlaf« gereinigt. Fusseln von Watte oder Papiertaschentüchern reizen die Schleimhäute. Bindehautentzündungen können auch durch Zugluft, Staub oder starke Sonne verursacht werden. Besonders anfällig sind Hunde, deren Augenlider dem Augapfel nicht eng anliegen. Zur Linderung werden Augentropfen in den heruntergezogenen Bindehautsack geträufelt. Borwasser wird heute nicht mehr verwendet, weil feine Kristalle als Fremdkörper wirken können. Länger andauernder wäßriger, schleimiger oder eitriger Augenausfluß sollte nicht mit Hausmitteln kuriert werden. Es könnte eine Infektion vorliegen. Wucherungen auf der Rückseite der Nickhaut müssen meist operativ behandelt werden.

**Die Zähne** werden durch Hundekuchen oder Knochen ausreichend gereinigt. Auch die Tortur des Zähneputzens kann Zahnstein nicht verhindern. Zur Entfernung weicher Beläge eignet sich am ehesten ein Wattebausch, getränkt mit dreiprozentiger Wasserstoffsuperoxyd-Lösung. Zahnstein ist ein fest anhaftender brauner Belag aus verhärteten Salzen. Fauliger Mundgeruch durch Zahnfleischentzündungen und -vereiterungen sowie Zahnausfall sind die Folgen. Zahnstein sollte frühzeitig fachkundig entfernt werden. Lose Zähne müssen gezogen werden. Da der Hund keine Beute jagen, festhalten oder zerreißen muß, kann er auf schmerzende Zähne gut verzichten. Nach Entfernung der Eiterherde wird er sich auch allgemein wohler fühlen, denn sie können den Körper vergiften und zum Beispiel chronische Herzklappenentzündungen auslösen. Auch Milchhakenzähne, die beim Zahnwechsel nicht ausfallen, müssen gezogen werden. Sie können zu Stellungsfehlern im bleibenden Gebiß führen.

**Die Analbeutel** sollen eigentlich bei jedem Kotabsatz eine individuelle Duftmarke zur Revierkennzeichnung hinterlassen. Infolge der Domestikation funktioniert die Entleerung häufig nicht richtig. Sekretstauungen sind die Folge. Den Juckreiz versucht der Hund vergeblich durch Rutschen auf dem After zu beseitigen. Dieses »Schlittenfahren« ist entgegen landläufiger Vermutung fast nie auf Wurmbefall zurückzuführen. Stark gefüllte Analbeutel müssen fachkundig ausgedrückt, vereiterte müssen tierärztlich behandelt werden.

*Gemäß der Einteilung auf S. 68 hat dieser Mischling »Knopfohren«: der hängende Teil V-förmig. Klappfalte über der Schädeloberfläche*

**Die Krallen** werden bei normalem Auslauf ausreichend abgelaufen. Nur bei krankhaftem Hornwachstum, Stellungsfehlern oder ständig zu weicher Bahn müssen sie geschnitten werden. Dabei soll die in der Kralle verlaufende Ader nicht verletzt werden. »Wolfskrallen«, Überbleibsel der an sich verkümmerten fünften Zehe an den Hinterläufen, können bei Verletzungen stark bluten. Sie sollten vorsorglich amputiert werden. Das geschieht üblicherweise schon bei neugeborenen Welpen.

## Erste Hilfe tut not

**Hautverletzungen** müssen genau inspiziert werden. Oberflächliche Abschürfungen, Schrunden und Einschnitte können mit Hausmitteln behandelt werden. Auf jeden Fall werden im Bereich der Verletzungen die Haare mit einer gebogenen Schere kurz abgeschnitten. Sie verkleben sonst mit dem Wundsekret; Vereiterung ist die Folge. Die Wunde wird

mit Wundgel, -spray oder -tinktur behandelt. Fetthaltige Salben behindern den heilungsfördernden Luftzutritt, Puder verkrustet.
Bei tieferen Wunden mit Durchtrennung der Haut sollte umgehend ein Tierarzt zugezogen werden. Bei Beißereien und Stacheldrahtverletzungen wird die Haut oft vom Körper losgerissen, so daß tiefe Taschen entstehen. Haare und Schmutz in der Tiefe der Wunden müssen so weit wie möglich entfernt werden. Von Fall zu Fall ist zu prüfen, ob eine »offene Wundbehandlung« oder eine Naht besser ist. Nur frische Wunden können mit Aussicht auf komplikationslose Heilung genäht werden.
Eine offene, aus der Tiefe nässende oder eiternde Wunde darf der Hund belecken. In allen anderen Fällen wird die Wundheilung behindert, weil die zarten Heilungszellen am Wundrand gestört werden. Das Belecken von Wunden und das Abreißen von Verbänden können durch einen Halskragen verhindert werden. Aus einem passenden Plastikeimer wird der Boden herausgeschnitten. Die Schnittkanten werden abgepolstert, an vier Stellen durchlöchert und mit Bindfäden versehen, die am Lederhalsband festgebunden werden.
**Wundstarrkrampf** ist beim Hund selten. Impfungen sind daher nicht üblich. Zur Vorbeuge sollen Wunden ausbluten und nicht luftdicht abgedeckt werden. Wenn größere Adern verletzt sind, kommt es zu andauernden, starken Blutungen. Häufig tritt Blut im Strahl aus. Dann muß zur ersten Hilfe ein Druckverband angelegt werden. An ungünstigen Körperstellen wie am Kopf kann auch von Hand eine Kompresse aufgedrückt werden. Gliedmaßen können abgebunden werden, die Abbindung muß aber viertelstündlich kurz gelöst werden. In solchen Fällen ist stets umgehend tierärztliche Hilfe erforderlich.
**Unfälle** können auch zu inneren Verletzungen und Gehirnerschütterungen führen. Bei Bewußtseinstrübungen soll nie Flüssigkeit eingeflößt werden. Die Maulschleimhaut kann aber mit Kaffee, Tee oder auch einfach mit Wasser befeuchtet werden. Der Hund wird seitlich mit tiefliegendem Kopf und herausgezogener Zunge auf einer Decke gelagert, die, von zwei Personen an den Ecken strammgezogen, auch als »Tragbahre« dient. Am Unfallort sind meistens die Diagnose und vor allem eine wirksame Schockbehandlung erschwert. Telefonisch sollte zur Vermeidung unnötiger Wege und Zeiten ein dienstbereiter Tierarzt verständigt und umgehend aufgesucht werden.
 **Lahmheiten** können viele Ursachen haben. Als erstes wird die Pfote

untersucht. Dornen oder Splitter werden ausgezogen. Verfilzte Haare drücken zwischen den Ballen wie ein Stein im Schuh; sie werden daher vorsichtig ausgeschnitten. Wunde Stellen werden wie Hautverletzungen behandelt. Im Winter müssen Streusalzreste von den Pfoten abgewaschen werden. Bei Krallenbettentzündungen können warme Kamillen- oder Seifenbäder Linderung bringen. Lose Krallenteile werden an der Bruchstelle beherzt abgeschnitten. In vielen Fällen ist ein Verband erforderlich. Er muß fachkundig angelegt werden, um Druckstellen zu vermeiden.

Bei Schwellungen, Prellungen und Verstauchungen kann das Fell des betroffenen Körperteils mehrmals täglich mit kaltem Wasser durchnäßt werden. Das wirkt wie ein Kühlverband, lindert den Schmerz und hemmt — frühzeitig angewendet — weitere Schwellungen. Wenn ein Bein überhaupt nicht belastet wird, besteht Verdacht auf Knochenbruch. Bei stark abnormer Beweglichkeit können die Gliedmaße durch eine Notschiene ruhiggestellt werden. Ein feuchtes Tuch, zwei ausreichend lange Stöcke und Binden oder Leukoplast genügen fürs erste. Die benachbarten Gelenke müssen mit fixiert werden.

Andauernde, wiederkehrende oder sich verschlimmernde Bewegungsstörungen sind stets ein Fall für den Tierarzt. Wirbelsäulenerkrankungen mit gespanntem Gang oder Nachhandschwäche treten nicht nur bei Dackeln auf. Bei Junghunden können schmerzhafte Knochenauftreibungen oder Ablösungen des Ellenbogenhöckers zu Lahmheiten führen. Ältere Hunde leiden oft unter chronischen Gelenkentzündungen. Die Hüftgelenksdysplasie (HD) ist erblich veranlagt; eine Abflachung der Gelenkpfanne begünstigt Arthrosen und Verrenkungen. Relativ oft wird das Humpeln auf einem Hinterbein durch eine Ausrenkung der Kniescheibe bedingt, die operativ fixiert werden muß.

**Vergiftungen** sind meist »Unglücksfälle« und nur selten böse Absicht. Die besten Überlebenschancen bestehen, wenn man die Giftaufnahme beobachten oder rekonstrukieren kann. Dann muß man versuchen, das Gift aus dem Magen wieder herauszubefördern, bevor es in den Körper übergehen kann. Der Tierarzt kann Erbrechen durch eine Injektion auslösen, der Laie durch Eingabe von zwei bis drei Teelöffeln Salz. Nach dem Erbrechen wird Wasser mit sechs bis zwölf Kohlekompretten eingeflößt, aber keine Milch, weil verschiedene Gifte fettlöslich sind. Packung, Beizettel und Erbrochenes werden mit zum Tierarzt genommen, um frühzeitig eine gezielte Behandlung zu gewährleisten. Giftig sind Rattengift — am häufigsten Cumarin, seltener Thallium, Zinkphosphid und Arsen —, Schädlingsbekämpfungsmittel wie E 605 oder Castrix-Giftkörner, das Schneckenbekämpfungsmittel Neta-Hart-Spiritus und Frostschutzmittel, ganz zu schweigen von Blausäure und Strychnin, die jedoch heute kaum noch erhältlich sind.

Plötzliches Erbrechen, Durchfall, Krämpfe und zunehmende Mattigkeit begründen einen Vergiftungsverdacht. Eine genaue Diagnose ist häufig aber erst durch die Spätschäden wie Blutungen oder Haarausfall möglich. Dann kann es für eine Rettung des Hundes bereits zu spät sein.

**Durchfall** ohne Fieber ist häufig durch einen Fastentag zu bessern. Der Hund erhält ausschließlich verdünnten Tee mit einer Prise Salz, aber ohne Zucker. Statt dessen ist Süßstoff zur Geschmacksverbesserung erlaubt. Keinesfalls darf Durchfall durch Wasserentzug »behandelt« werden; der Körper würde zu stark austrocknen. Kohlekompretten sind nie verkehrt, Mexaform und ähnliche Mittel sind für Hunde giftig! Am zweiten Tag erhält der Hund in kleinen Portionen ein Diätfutter, zum Beispiel Beefsteakhack, Schmelzflocken und roher, geriebener Apfel. Am dritten Tag muß der Durchfall deutlich gebessert sein.

**Verstopfungen** lassen sich durch rohe Leber oder Milz oder durch drei bis fünf Teelöfel zehnprozentiger Dosenmilch häufig bessern.

**Erbrechen** ist keine selbständige Krankheit. Einmaliges Erbrechen kann durch zu hastiges Fressen, zu kaltes Futter oder Aufnahme von Fremdkörpern ausgelöst werden. Gelegentliches Erbrechen ist beim Hund ohne große Bedeutung. Um zu erbrechen, frißt der Hund häufig Gras. Geschieht dies regelmäßig oder wird ständig das Futter erbrochen, muß ein Tierarzt zugezogen werden. Auch Durchfall und Erbrechen mit Fieber sind kein Fall für Hausmittel.

## Alarmzeichen

**Fieber** ist eine Abwehrreaktion des Körpers, meist auf Infektionen. Die Hundenase kann auch beim kranken Hund feucht und kühl sein. Die Temperatur muß mit einem Fieberthermometer fünf Minuten im Mastdarm gemessen werden. Sie darf nicht über 39 °C liegen. Untertemperaturen unter 37,5 °C entstehen infolge einer Reduzierung der Stoffwechselvorgänge häufig vor dem Tod.

**Erkältungen** wie beim Menschen treten beim Hund selten auf. Sie sind kein Fall für die Hausapotheke. Würgender Husten, als ob ein Knochen

*Meist erwerben auch Mischlingshunde schnell die dauerhafte Zuneigung ihrer Besitzer*

im Hals säße, tritt bei Mandelentzündungen auf. Ernstere Infektionen wie Zwingerhusten oder gar Staupe können vorliegen. Pumpende Atmung entsteht durch eine Lungenentzündung, aber auch durch Wasseransammlung in der Lunge, zum Beispiel infolge von Vergiftungen. Bei alten Hunden kann der damit verbundene Husten auch auf eine Herzschwäche zurückzuführen sein. Bauchpressen und Aufblasen der Backen sind Zeichen höchster Atemnot.

**Schleimhäute** im Auge und im Fang geben Hinweis auf innere Erkrankungen: Blässe deutet auf Blutarmut hin, Gelbfärbung auf Leberschäden mit Gelbsucht, Blutungen auf schwere Infektionen oder Vergiftungen, eine bläuliche Färbung tritt bei Herz- und Kreislaufschwäche auf.

**Kot und Urin** mit Blutbeimengungen lassen schwerwiegende krankhafte Veränderungen erkennen. Bei Blutungen im Magen und in den vorderen Darmabschnitten kann der Stuhl durch das verdaute Blut pechschwarz aussehen. Nierenerkrankungen können auch mit erhöhtem Durst verbunden sein. Wenn Mattigkeit und Mundgeruch hinzukommen, ist meist bereits eine Harnvergiftung eingetreten. Harnsteine, Blasenriß oder Vergiftungen können dazu führen, daß überhaupt kein Urin mehr abgesetzt wird; dann besteht höchste Gefahr. Geschwülste, Prostatavergrößerungen und Mastdarmveränderungen erschweren den Kotabsatz. Verhärtete Knochenteile können den Enddarm völlig verstopfen. Erbrechen und zunehmende Mattigkeit bei fehlendem Kotabsatz sprechen für einen Darmverschluß oder einen Fremdkörper im Darm.

**Speicheln** wird im harmlosesten Fall durch Fremdkörper in der Maulhöhle oder durch lose Zähne verursacht, bedenklicher wäre eine E 605-Vergiftung oder Pseudowut, schlimmstenfalls ist an Tollwut zu denken.

**Umfangsvermehrungen** des Bauches bei sonst normalem Ernährungszustand oder zunehmende Abmagerung können durch Tumore oder Bauchhöhlenwasser hervorgerufen werden. Bei einer Gebärmuttervereiterung besteht gleichzeitig fast immer starker Durst, gelegentlich auch Scheidenausfluß. Eine plötzliche Aufblähung des Bauches mit Kolik und Kreislaufschwäche, bedingt durch eine Magendrehung, erfordert unverzügliche Operation.

## Infektionen bedrohen die Gesundheit

**Staupe und ansteckende Leberentzündung** (Hepatitis) sind Viruskrankheiten, die für Junghunde besonders gefährlich sind, aber auch ältere Hunde befallen. Staupe beginnt mit einem häufig kaum merkbaren, kurzen Fieber, dem nach etwa acht Tagen eine schwere Lungenentzündung mit eitrigem Augen- und Nasenausfluß oder ein Durchfall folgt. Eine besondere Verlaufsform ist mit einer Verhärtung der Ballen verbunden. Nach scheinbarer Besserung treten nervöse Erscheinungen bis hin zu Krämpfen auf, die meistens zum Tod führen. Nach überstandener Staupe bleibt häufig ein nervöses Zucken der Kopfmuskeln, der »Staupetik«, nach Erkrankungen im Junghundealter das »Staupegebiß« mit erheblichen Zahnschmelzdefekten zurück.

Die ansteckende Leberentzündung verläuft ähnlich, mit hohem Fieber, Apathie und Appetitlosigkeit. Hornhauttrübungen können bleibende Folgeschäden sein.

**Stuttgarter Hundeseuche** (Leptospirose) wird durch Bakterien verursacht und von Hund zu Hund übertragen. Sie beginnt häufig mit einer Schwäche in den Hinterbeinen. Geschwüre im Maul, Magen und Darm sind mit aasartig-faulem Maulgeruch und blutigem Durchfall verbunden.

**Tollwut** tritt bei Hunden nur noch selten auf. Die Seuche wird vor allem durch Füchse übertragen. Hinweisschilder warnen in gefährdeten Gebieten vor Tollwut. Die Krankheit ist besonders tückisch: Die typischen Wuterscheinungen mit heiserem Gebell, Wasserscheue, Unruhe und unmotivierter Beißwut fehlen häufig. Die »stille Wut« ist im Anfangsstadium schwer zu erkennen. Ein erkranktes Tier stirbt immer.

**Parvovirose** ist bei uns erst in den letzten Jahren aufgetreten. Der Erreger ähnelt dem Katzenseuchevirus. Die Seuche wurde zunächst auf Ausstellungen verbreitet. Die Ansteckung erfolgt über die Ausscheidungen von Hund zu Hund. Bei Welpen tritt plötzlicher Herztod auf, ältere Hunde sterben nach unstillbarem blutigem Durchfall und Erbrechen.

## Impfungen schützen vor diesen Infektionskrankheiten

Gegen Staupe, Hepatitis und Leptospirose sowie gegen Tollwut gibt es Kombinationsimpfstoffe. Die Buchstaben S, H, L und T kennzeichnen die Wirksamkeit. Zur Grundimmunisierung der Welpen sind zwei

*Promenade(-nmischung) am Hundestrand*

Vierfachimpfungen etwa in der achten und zwölften Lebenswoche oder zwei SHL-Impfungen mit nachfolgender Tollwutimpfung erforderlich. Staupe und Hepatitis sind nicht mehr so verbreitet wie früher. Der Hund kommt möglicherweise jahrelang nicht mit dem Erreger in Berührung, so daß der Impfschutz nicht »natürlich« aufgefrischt wird. SH-Impfungen müssen daher alle zwei Jahre wiederholt werden. Der Käufer eines Hundes muß den Impfpaß genau prüfen: Ein »passiver« Serumschutz setzt zwar sofort ein, hält jedoch nur zwei bis drei Wochen. Eine »aktive« Schutzimpfung muß sich fristgerecht anschließen.

Gegen Leptospirose und Tollwut muß jährlich nachgeimpft werden. Ein sicherer Impfschutz des Hundes ist auch für den Menschen wichtig: Erkrankte Hunde können Leptospiren übertragen, die beim Menschen das »Canicola-Fieber« oder die »Weil'sche Krankheit« hervorrufen. Hundetollwut ist wegen des engen Kontaktes für Menschen viel gefährlicher als Wildtollwut. Geimpfte Hunde übertragen keine Tollwut. Fristgerecht geimpfte Hunde unterliegen nach einem Kontakt mit verdächtigem Wild auch weniger strengen tierseuchenrechtlichen Maßregeln und können auf Auslandsreisen mitgenommen werden.
Ein inzwischen zur Anwendung beim Hund zugelassener Katzenseucheimpfstoff erzeugt bei zweimaliger Impfung und jährlichen Auffrischungsimpfungen spezifische Abwehrkörper gegen Paroviren. Man kennt zwar noch nicht alle krankheitsauslösenden Faktoren, darf jedoch annehmen, daß geimpfte Hunde ausreichend geschützt sind.

## Gegen andere Infektionen schützt Vorsicht

**Toxoplasmose** wird durch einzellige Schmarotzer hervorgerufen. Ihr Stammwirt ist die Katze. Bei anderen Tieren werden ansteckungsfähige Dauerformen gebildet. Hunde erkranken überwiegend durch infiziertes Schweinefleisch. Für die Ansteckung des Menschen wurden sie früher zu Unrecht verantwortlich gemacht.
**Aujeszky'sche Krankheit** wird ebenfalls durch Schweinefleisch übertragen. Unstillbarer Juckreiz, Unruhe, Ängstlichkeit und Speichelfluß haben gewisse Ähnlichkeit mit Tollwut. Die Krankheit wird daher auch »Pseudowut« genannt. Durch Verfütterung von gekochtem, keinesfalls rohem oder halbrohem, Schweinefleisch oder Fertigfutter sind beide Infektionskrankheiten zu verhüten.
**Zwingerhusten** tritt vor allem in Tierheimen und Hundehandlungen auf. Unter begünstigenden Umständen lösen Viren und Bakterien gemeinsam Entzündungen von Luftröhre und Bronchien aus. Kennzeichnend ist ein kurzer, trockener Husten. Sekundärinfektionen können den Krankheitsverlauf verschlimmern. Einen gesunden Hund kauft man mit größerer Wahrscheinlichkeit beim Züchter. Während des Urlaubs sollte man seinen Hund nicht in unbekannte Heime oder Pensionen geben.

## Wurmkuren gegen unerwünschte Kostgänger

Spulwürmer können bei Junghunden zu Verdauungs- und Entwicklungsstörungen, zu Vergiftungserscheinungen und sogar zum Tod führen. Fast alle Welpen werden im Mutterleib mit Spulwürmern infiziert. Die erste Wurmkur sollte beim Welpen vom 10. bis 14. Tag durchgeführt werden. Gut ist es, sie in der dritten, vierten und achten Woche zu wiederholen. Um vorzubeugen, macht man die Wurmkur nochmals im vierten und sechsten Monat. Ältere Hunde beherbergen nur noch einzelne Würmer. Sie richten zwar keinen großen Schaden an, sind aber eine ständige Infektionsquelle. Einmal jährlich sollte daher vorsorglich ein Wurmmittel verabreicht werden. Bei festgestelltem Wurmbefall ist eine sofortige Entwurmung mit einer Wiederholungsbehandlung nach zwei bis drei Wochen erforderlich. Rohe Möhren garantieren keine Wurmfreiheit. Wirksame und verträgliche Mittel sind verschreibungspflichtig. Sie wirken auch gegen andere Rundwurmarten, zum Beispiel gegen Hakenwürmer.

Spulwürmer sind auf ihre Wirtstierarten spezialisiert; wenn der Mensch Hundespulwurmeier aufnimmt, schlüpfen zwar Larven und beginnen ihre Wanderung im Körper, sie bleiben jedoch in Organen oder Muskeln stecken und können dort schmerzhafte Entzündungen verursachen. Besonders gefährdet sind »Krabbelkinder«. Wurmkuren dienen daher auch dem Gesundheitsschutz der Familie. Auf Kinderspielplätzen haben Hunde nichts zu suchen.

**Bandwürmer** brauchen für ihre Entwicklung stets einen Zwischenwirt. Für den Hundebandwurm ist dies der Floh. Er nimmt die Wurmeier auf, aus denen sich eine Finne entwickelt. Der Hund »knackt« den Floh — die Finne wächst im Hundedarm zum fertigen Bandwurm aus. Mit dem Kot erscheinen nach geraumer Zeit einzelne kürbisförmige, anfangs noch bewegliche Bandwurmglieder oder ein längeres, deutlich gegliedertes Wurmende. Die meisten Spulwurmmittel sind gegen Bandwürmer unwirksam. Heute gibt es aber gut verträgliche und sicher wirkende Bandwurmmittel. Zur Bandwurmkur gehört stets eine Flohbehandlung von Hund und Lager.

Besonders bei Jagdhunden kann auch der »gesägte Bandwurm« auftreten, dessen Zwischenwirte Hasen und Kaninchen sind. Andere Bandwurmarten, die durch Fisch oder Wild, Rinder- und Schafeingeweide übertragen werden, kommen seltener vor. Dazu zählt der »dreigliedrige

*Treue und Anhänglichkeit zeichnet den guten Hund aus, sei er nun mischerbig oder reinerbig*

Bandwurm«, der als einziger auch dem Menschen gefährlich werden kann. Der Hund sollte zur Vorbeuge keine rohen »Konfiskat«-Innereien erhalten und daran gehindert werden, Kadaver von Wildtieren aufzufressen.

## Zehn Tips für den Besuch beim Tierarzt

1. Nach Möglichkeit sollte der Hund in der Praxis des Tierarztes vorgestellt werden. Dort kann eine Erkrankung besser erkannt und behandelt werden.
2. Bei Verdacht auf ansteckende Krankheiten lassen Sie sich aber vom Tierarzt einen Sondertermin geben oder bitten Sie ihn um einen Hausbesuch, um andere Hunde im Wartezimmer nicht anzustecken.
3. Mit einem unruhigen Hund wartet man besser im Auto, bis man an der Reihe ist.
4. Der Hund muß systematisch dazu erzogen werden, sich untersuchen zu lassen. Manipulationen an den Ohren, Öffnen des Fanges, Fiebermessen können geübt werden! Auf dem Untersuchungstisch muß der Hund beruhigt werden. Dazu müssen Sie selbst ruhig bleiben, erforderlichenfalls aber auch energisch werden.
5. Der Hund kann nicht sprechen. Daher müssen Sie Krankheitserscheinungen und -dauer genau schildern. Das erleichtert dem Tierarzt die Diagnose.
6. Bei Verdauungsstörungen ist die Beschaffenheit des Kotes genau zu beschreiben. Es ist nie verkehrt, eine Kotprobe, abgegangene Würmer oder Fremdkörper mitzunehmen.
7. Bei Verdacht auf innere Erkrankungen kann vorsorglich auch eine in einem sauberen Gefäß aufgefangene Harnprobe mitgenommen werden.
8. Bringen Sie auch den Impfpaß mit!
9. Notieren Sie die Behandlungsanweisungen; erfahrungsgemäß wird vieles nach der Aufregung des Tierarztbesuches leicht vergessen oder verwechselt.
10. Denken Sie auch an den Stolz der Dame des Tierarzthauses: Verwehren Sie Ihrem Rüden das Beinheben an den Ziersträuchern im Vorgarten nach dem Verlassen der Praxis.

## Gefahren für die menschliche Gesundheit?

Impfungen und Wurmkuren schränken Ansteckungsgefahren ein. Hygiene tut ein übriges: Selbstverständlich hat der Hund sein eigenes Lager und Futtergeschirr; beides ist peinlich sauber. Rasen und Wege werden von Hundekot freigehalten. Der Hund wird so erzogen, daß er das Gesicht nicht ableckt. Das Belecken der Hände ist Ausdruck seiner Zuneigung. Man darf sie dulden, denn man kann sich die Hände anschließend waschen. Vorsichtige können Lager, Hütte und andere hygienegefährdete Stellen und Gegenstände regelmäßig desinfizieren. Die Mittel sollen gegen Viren, Bakterien und Pilze wirken. Zur Schnelldesinfektion eignet sich ein »Desinsektspray«, der auch Ektoparasiten abtötet. Besonders angezeigt sind solche Maßnahmen, wenn der Hund eiternde Wunden, Ekzeme, Furunkel oder eine Vorhaut-, Zahnfleisch- oder Mandelentzündung hat. Diese Infektionen sind konsequent zu behandeln. Eitererreger können auch beim Menschen Komplikationen verursachen. Vorsicht ist stets bei schlecht heilenden oder sich ausbreitenden Ekzemen geboten: Räudemilben sind zwar auf Tierarten »spezialisiert«, können jedoch auch beim Menschen juckende Hautrötungen verursachen. Hautpilzinfektionen sind auf Menschen übertragbar. Daher sollte man umgehend eine Spezialuntersuchung und Behandlung veranlassen. Pilzinfektionen entstehen nur, wenn sich die Erreger länger als 12 bis 24 Stunden auf der menschlichen Haut einnisten können. Gründliches Waschen bannt zwar die Gefahr. Zusätzliche Sicherheit bietet ein Handdesinfektionsmittel, das nach Berührung verdächtiger Stellen oder Ausscheidungen in die Hände eingerieben wird.

**Allergien** sind auch durch größte Sauberkeit nicht immer zu vermeiden. Einige Menschen reagieren bei Kontakt mit Tierhaaren und -hautteilen mit Ausschlägen oder Atembeschwerden. Katzen, Meerschweinchen und Vögel sind viel öfter als Hunde die Auslöser; viele andere pflanzliche und tierische Stoffe kommen hinzu. Die Allergieursache kann von einem Hautarzt durch Spezialtests auf der Haut ermittelt werden. Auf Verdacht braucht also kein Hund abgeschafft zu werden. Und vor der Anschaffung eines Mischlings brauchen auch gesundheitsbewußte Hundefreunde nicht zurückzuschrecken.

# Der alte Hund

Mit etwa zehn Jahren tritt der Hund in die Altersperiode ein. Mancher Hund kann auch bis zu 17 Jahre alt werden. Bei der Hündin läßt die Fruchtbarkeit mit acht Jahren deutlich nach, der Genitalzyklus bleibt meist bis zum Tode erhalten. Beim Rüden nimmt das Interesse an Hündinnen auch mit etwa zehn Jahren deutlich ab.

Im Verhalten des Hundes, der allmählich alt wird, ist Vergleichbares wie beim Menschen zu erkennen. Der Hund wird bequemer und zieht Wärme vor. (Über die Entwicklung nach Jahren siehe auch S. 27.)

Die Lebhaftigkeit läßt nach, und er ist nicht mehr so schnell aus der Ruhe zu bringen. Das Interesse an der Umwelt wird geringer, und die alten Tiere sehen und hören schlechter. Eine oft auftretende Alterserscheinung ist die Linsentrübung (Auge), die durch Störung des Stoffwechsels der Linsenzellen bedingt ist. Es handelt sich dabei um den »Grauen Star«. Erblindete Hunde orientieren sich in der gewohnten Umgebung mit Geruchs- und Tastsinn, so daß der Besitzer eines blinden Tieres diese Krankheit erst später bemerkt.

Ein Zeichen des Alterns ist auch das Ergrauen des Felles, insbesondere der Kopfhaare; die kurzhaarigen Arten sind davon eher betroffen. Es gibt auch Hunde, die bereits im sechsten Lebensjahr schon völlig ergrautes Kopfhaar haben.

Gegenüber ihren Besitzern sind die alten Hunde von besonderer Anhänglichkeit. Daher ist auch verständlich, daß sich Hundefreunde bei Alterserscheinungen oder Erkrankungen ihres Tiers nur ungern von ihm trennen. Man sollte bei sehr schlechtem Gesundheitszustand des alten Tieres abwägen, ob es nicht sinnvoll ist, es einschläfern zu lassen.

Zu allen Zeiten sind geliebten oder verdienten Hunden Ehrenplätze nach dem Tode eingerichtet worden.

Als Bismarcks Dogge Freya starb, sagte der Eiserne Kanzler zu seinem Staatsrat: »Gibt es einen Himmel, so ist er auch für Tiere da. Ich hoffe zuversichtlich, im Himmel meinen Hunden wieder zu begegnen!«